Von der **Lehr-** zur **Lernveranstaltung**

Seminare, Workshops und Unterricht kompetenzorientiert gestalten

Aus- und Weiterbildungspädagoge:in

Essential

Impressum

Herausgeber

GAB München – Gesellschaft für Ausbildungsforschung und Berufsentwicklung eG

Autor:innen

Barbara Burger, Jost Buschmeyer, Angelika Dufter-Weis, Elisa Hartmann, Kristina Horn, Nathalie Kleestorfer-Kießling, Florian Martens, Nicolas Schrode

(Empfohlene Zitierweise: Burger, Barbara | Buschmeyer, Jost | Dufter-Weis, Angelika | Hartmann, Elisa | Horn, Kristina | Kleestorfer-Kießling, Nathalie | Martens, Florian | Schrode, Nicolas (2021): Von der Lehr- zur Lernveranstaltung – Seminare, Workshops und Unterricht kompetenzorientiert gestalten. Essentials Aus- und Weiterbildungspädagoge:in. Bielefeld: wbv Publikation.)

Dieses Essential gehört zu der Reihe „Essentials Aus- und Weiterbildungspädagoge:in".

Bibliografische Informationen der Deutschen Bibliothek

Die Deutsche Bibliothek verzeichnet diese Publikationen in der deutschen Nationalbibliografie; detaillierte bibliografische Daten sind im Internet über http://dnb.ddb.de abrufbar.

Bestell-Nr.: 6004829
ISBN (Print): 978-3-7639-6256-3
ISBN (E-Book): 978-3-7639-6261-7

Layout: Niels Knudsen, Barbara Koiramäki (Koiramäki Design)
Illustrationen: Elisa Hartmann

Printed in Germany

Vorwort

Dieses Essential gehört zu der Reihe „Essentials Aus- und Weiterbildungspädagoge:in“, in der Sie die berufspädagogische Expertise der GAB München für das praktische Umsetzen in der Berufsbildungsarbeit auf den Punkt gebracht finden.

Die Essential-Reihe „Aus- und Weiterbildungspädagoge:in“ dient der gezielten Vorbereitung auf die IHK-Abschlüsse „Gepr. Aus- und Weiterbildungspädagoge:in“ sowie „Gepr. Berufspädagoge:in“. Darüber hinaus finden Sie in dieser Reihe viele Anregungen für Ihr eigenes berufspädagogisches Handeln.

In diesem Band steht das veranstaltete, formelle Lernen im Mittelpunkt. Dieses wird häufig verstanden als *Lehr*veranstaltung, die durch die Lehrenden gesteuert wird und oft als Frontalunterricht stattfindet. Wie aus formellem Lernen eine *Lern*veranstaltung werden kann, in der die Lernenden aktiv sind und ihren eigenen Lernprozess möglichst selbstgesteuert gestalten können, dazu finden Sie auf den nächsten Seiten einige Anregungen.

Weitere Bände der „Essentials Aus- und Weiterbildungspädagoge:in“ sind:

- Lernprozessbegleitung
  Lernen in Arbeitsprozessen kompetenzorientiert gestalten
- Lern- und motivationstheoretische Hintergründe
  Ein Fundus für berufspädagogische Begründungen
- Gesprächsführung in der Lernprozessbegleitung
  Lerngespräche kompetenzorientiert führen
- Lernschwierigkeit oder Lernchance?
  Lernen in herausfordernden Situationen begleiten
- Planungsprozesse in der beruflichen Aus- und Weiterbildung
  Kompetenzorientierte Berufsbildung planen und implementieren

Was finde ich in den Essentials: **Aus- und Weiterbildungspädagoge:in?**

Eine explorative Studie im Auftrag des Bundesinstituts für Berufsbildung (BIBB) von 2008 ergab, dass die erworbenen Qualifikationen im Rahmen der Ausbilder-Eignungsverordnung (AEVO) zwar eine wichtige Grundlage für die Aufgaben von inner- und außerbetrieblich Ausbildenden sei, dass diese jedoch nicht ausreichten, um heute gute Aus- und Weiterbildungsprozesse in Unternehmen zu gewährleisten.[1] Aus den Erkenntnissen der Studie entstanden die Aufstiegsfortbildungsberufe „Gepr. Aus- und Weiterbildungspädagoge:in" und „Gepr. Berufspädagoge:in".

Die Gesellschaft für Ausbildungsforschung und Berufsentwicklung München (GAB München) hat nicht nur diese Studie im Auftrag des BIBB durchgeführt, sondern auch die Entwicklung der Fortbildungsberufe zunächst in einem Pilotprojekt initiiert und erprobt und später auch die bundesweite Einführung der beiden Fortbildungsberufe maßgeblich begleitet. Dabei sind die Erkenntnisse 40-jähriger wissenschaftlicher (Praxis-) Forschung der GAB München zur berufspädagogischen Arbeit in diesen Prozess eingeflossen und heute in den Fortbildungsberufen festgeschrieben.

In der Veröffentlichungsreihe „Essentials Aus- und Weiterbildungspädagoge:in" haben wir die wesentlichen Erkenntnisse der langjährigen berufspädagogischen Expertise in kompakter Form zusammengefasst und für das praktische Umsetzen in der Berufsbildungsarbeit auf den Punkt gebracht.

Diese Reihe dient der gezielten Vorbereitung auf die IHK-Abschlüsse „Gepr. Aus- und Weiterbildungspädagoge:in" sowie „Gepr. Berufspädagoge:in". Darüber hinaus finden Sie in den unterschiedlichen Bänden dieser Reihe Anregungen für das eigene berufspädagogische Handeln. Und auch hier gilt: Kompetent wird man nur im Tun! Nehmen Sie die Anregungen und Impulse und probieren Sie sie aus.

Unter **www.gab-muenchen.de** finden Sie einen kostenfreien Zugang zu weiteren Produkten, die diese Reihe ergänzen. So zum Beispiel ein Glossar zu berufspädagogischen Fachbegriffen, in dem (prüfungs-)relevante Begriffe kurz und knapp erklärt sind.

Sehen Sie sich hier um und kommen Sie mit uns in den aktiven Austausch!

Der Aufbau der Essentials orientiert sich jeweils an einer Handlungssystematik, d.h. die Reihenfolge der beschriebenen Aspekte und Inhalte ergibt sich weitgehend aus konkreten Handlungsschritten, die in der berufspädagogischen Arbeit aufeinander folgen. Die Systematik des Rahmenlehrplans für die Fortbildungsberufe folgt einer Fachsystematik, die das berufspädagogische Handeln in unterschiedliche fachliche Themen (z.B. „Lernprozesse und Lernbegleitung“ oder „Planungsprozesse der betrieblichen Bildung“) untergliedert. Für eine bessere Übersicht, welche prüfungsrelevanten Themen in welchem Band angesprochen werden, finden Sie in jedem Band am Ende eine entsprechende Übersicht. Die Prüfungsthemen, die dieser Band beinhaltet, finden Sie hinten im Band.

[1] Vgl. Bauer et al., 2008; siehe dazu auch: Brater, 2011.

Inhaltsverzeichnis

Teil 1

Was ist der Unterschied zwischen **einer Lehr- und einer Lernveranstaltung?**

Der Begriff der Lernveranstaltung findet sich nicht in der einschlägigen berufspädagogischen Literatur. Es gibt im Gegensatz zu dem Begriff der Lehrveranstaltung (noch) keinen wissenschaftlichen Diskurs hierzu. Allerdings gibt es sehr wohl einen Diskurs zu den Veränderungen, die in Lehrveranstaltungen geschehen sollten, damit ein aktives und selbstorganisiertes Lernen in veranstalteten Lernsettings möglich wird.

Mit der Einführung des Begriffes der Lernveranstaltung verändert sich die Perspektive auf das, was in einer Lehr- bzw. Lernveranstaltung geschieht. In einer *Lehr*veranstaltung wird *gelehrt*. Der/die Lehrende ist aktiv und steht (wenn man es wörtlich nimmt) im Zentrum der Betrachtung. Mit dem Begriff der *Lern*veranstaltung wird das Tun der Lernenden in den Fokus genommen. Schließlich hat (auch) veranstaltetes Lernen den Zweck, Lernenden das Lernen zu ermöglichen.

In dieser Hinwendung kommen konstruktivistische Lernansätze[2] zum Ausdruck, bei denen die Kernaufgabe einer Lehrperson nicht mehr darin besteht, Wissen zu vermitteln, sondern die Lernenden in ihrem individuellen Lernprozess zu unterstützen. Lernveranstaltungen schließen an den Bedarfen und Erfahrungen der Lernenden an und schaffen Raum und Möglichkeiten für Reflexion und neue Erfahrungen.

Rolf Arnold prägt hierfür den Begriff der *Ermöglichungsdidaktik*. Diese soll, wie ihr Name bereits andeutet, den Lernenden das Lernen eigenständig und selbstgesteuert ermöglichen. Die Lernenden setzen sich ihre Lernziele selbst, und Lehrende schaffen die Rahmenbedingungen für diese Form des Lernens. Damit unterscheidet sich das Konzept von der *Erzeugungsdidaktik*, auf deren Grundlage die Lehrkraft Inhalte vermittelt und Lernziele von außen setzt. Die Leitfrage der Ermöglichungsdidaktik lautet: Wie gelingen Lernprozesse, die an den Erfahrungen und eigenen Kräften der Lernenden anschließen und diese dabei unterstützen, selbst zu lernen?[3]

Die Lernenden sollen sich mit den Lerninhalten selbständig auseinandersetzen, die Inhalte erschließen und Zusammenhänge entdecken, damit sie daraus ihr individuelles Wissen konstruieren und vor allem auch (berufliche Handlungs-)Kompetenzen entwickeln können.

Mit diesem Bewusstsein wird die *Lern*veranstaltung mehr und mehr zu einem (Ermöglichungs-)Raum für Lernen, der inhaltliche Impulse bietet, der Zeit und Raum für das Lernen von- und miteinander gestaltet, in dem die Lernenden aber immer ihren eigenen Weg gehen und damit ihren individuellen Lernprozess verfolgen können. Es liegt auf der Hand, dass sich die Rolle der lehrenden Person verändert: Die Lehrenden, Trainierenden, Dozierenden werden zu Lernbegleitenden.

[2] Siehe dazu Essential Aus- und Weiterbildungspädagoge:in ‚Lern- und motivationstheoretische Hintergründe - ein Fundus für berufspädagogische Begründungen'

[3] Siehe: Arnold, 2013: S. 40 ff.

Teil 2

Wie gelingt Kompetenzlernen **in Lernveranstaltungen?**

2.1 Was bedeutet Kompetenzentwicklung in Lernveranstaltungen?

Lernveranstaltungen haben das Ziel, Kompetenzen zu entwickeln. Kompetenzlernen gelingt nach dem sog. Pädagogischen Paradox: *Man lernt zu tun, was man noch nicht kann, indem man tut, was man noch nicht kann.*[4] Beim Kompetenzlernen „gerät die Aufgabe in den Blick, denn es sind keine Inhalte, sondern die Problemlösung, deren Beherrschung nachhaltige Kompetenzen zu entwickeln vermag."[5] Das heißt, dass Lernende auch in Lernveranstaltungen die Möglichkeit bekommen müssen, an für sie neuen Aufgaben zu arbeiten, hieraus Erfahrungen zu sammeln, diese zu reflektieren und die Erkenntnisse daraus wiederum in einer neuen Aufgabe umzusetzen.[6]

Wenn dies in einer Veranstaltung gelingt, dann sprechen wir von einer kompetenzorientierten Lernveranstaltung.

Welche Merkmale kennzeichnen Kompetenzen?

- Kompetenzen sind im Menschen liegende Möglichkeiten zum Handeln.
- Kompetenzen sind Bündel an Wissen/Kenntnissen, Fertigkeiten und Fähigkeiten sowie Haltungen bzw. Werten. Zum kompetenten Handeln wird Wissen genauso benötigt, wie auch bestimmte (handwerkliche bzw. psychomotorische) Fertigkeiten und Fähigkeiten (z.B. sprachliche oder analytische Fähigkeiten). Darüber hinaus geht man in der Kompetenzforschung davon aus, dass zum kompetenten Handeln auch bestimmte Werte oder eine bestimmte Haltung gehören.
- Kompetenzen befähigen Menschen zu einem souveränen Handeln in bestimmten Handlungssituationen. Kein Mensch ist kompetent an sich, Kompetenzen *hat* man nicht, sondern man *zeigt* sie. Sie sind also an bestimmte Handlungssituationen gebunden.
- Kompetenzen umfassen sowohl die Fähigkeit wie die Bereitschaft, sie in Handlungssituationen einzusetzen.
- Kompetenzen ermöglichen es Menschen, nicht nur in einer ganz bestimmten, immer gleichen Handlungssituation angemessen zu handeln, sondern sie zeichnen sich dadurch aus, dass sie das souveräne Handeln auch in neuen, komplexen und unvorhersehbaren Situationen ermöglichen.

Kompetenzlernen

Wissen kann durch die Aufnahme von Informationen aus Vorträgen, Lehrbüchern, digitalen Medien... u.ä. erworben werden. Fertigkeiten wie zum Beispiel Gesprächstechniken können geübt werden. Werte und Haltungen hingegen brauchen neue Erfahrungen, um sie zu verändern. Wenn das Ziel des Lernens kompetentes Handeln ist, dann braucht es das Handeln in komplexen Handlungssituationen, um es zu entwickeln.

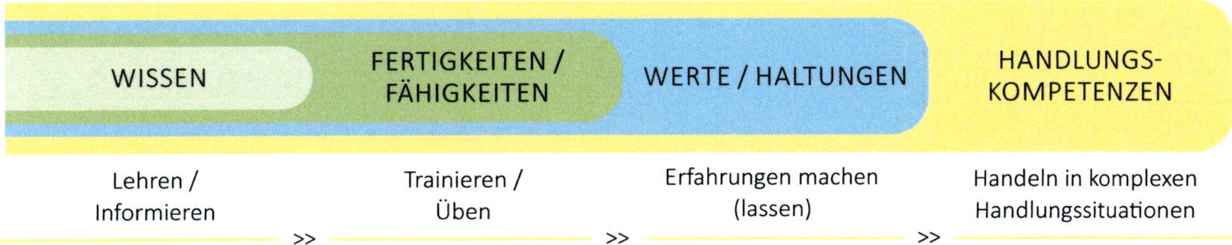

Abb. 1: Kompetenzlernen

Lernveranstaltungen sollten also möglichst unterschiedliche Aufgaben und Herausforderungen an die Lernenden stellen. Dabei ist zu berücksichtigen, dass Kompetenzen aus der Verzahnung von Aktion und Reflexion, von Tun und Überdenken des Tuns entstehen. Damit Lernende die Erfahrungen aus ihrem Tun verarbeiten und sich als innere Handlungsdispositionen zu eigen machen, braucht es die bewusste, d.h. nach- und vordenkende Auseinandersetzung mit diesen Erfahrungen.

Kompetenzorientierung bedeutet darüber hinaus, die zum angemessenen Handeln notwendigen Einstellungen und Haltungen zu fördern und letztlich auch, die Bereitschaft zum kompetenten Handeln zu fördern. Dieser Anspruch verweist direkt auf die Frage nach der Motivation für Lernen und Handeln. Wenn beim Lernen deutlich wird, wofür ich lerne und mich anstrenge, wenn Nutzen und Sinnhaftigkeit des zu Lernenden bzw. des Gelernten erkannt werden, kann auch die Bereitschaft für das kompetente Handeln entstehen.

[4] Vgl. Bauer et al., 2016: S. 30
[5] Arnold, 2013: S. 41
[6] Siehe dazu auch Erfahrungslernen nach Kolb in Essential Aus- und Weiterbildungspädagoge:in ‚Lern- und motivationstheoretische Hintergründe - ein Fundus für berufspädagogische Begründungen'.

2.2 Wie grenzen sich die Begriffe Handlungslernen, handlungsorientierte Lerneinheiten und Lernen in der Arbeit voneinander ab?

Lernen mit dem Ziel, Kompetenzen zu erwerben, orientiert sich am Ansatz des Handlungslernens. Die Grundphänomene und Besonderheiten dieser Form des Lernens sind:

- Lernen beginnt mit einer Herausforderung, einer Aufgabe, die man noch nicht kennt und auch nicht auf Anhieb schafft.
- Um die Aufgabe zu lösen, knüpft man an Bekanntes an.
- Ohne Vorgaben oder Hinweise von außen machen sich Lernende an die *Lernarbeit*, indem sie unbefangen ausprobieren, was geht und was nicht geht.
- Das eigene Ausprobieren und die Reflexion der Wirkungen des eigenen Handelns, die Auswertung der Erfahrungen sind wesentlich für das Handlungslernen (= Selbstreflexion).
- Wenn die Selbstreflexion ergeben hat, dass die ersten Versuche nicht zum gewünschten Erfolg führen, ist es essentiell, dass man das eigene Handeln korrigiert. Ob gelernt wurde, zeigt sich an der Selbstkorrektur.
- Erst aus Fehlern und Umwegen, Versuch und Irrtum entsteht eine zutreffende Idee davon, wie die Herausforderung oder die Aufgabe zu bewältigen ist. Fehler und Umwege, Versuch und Irrtum sind also unverzichtbar.
- Genauso unverzichtbar ist es allerdings auch, umzudenken, neue Ideen und Hypothesen zu bilden und mit ihnen weiter zu arbeiten, d.h. weiter zu probieren.
- Aus diesem probierenden, entdeckenden Vorgehen lässt sich auch die Art der sinnvollen Lernunterstützung ableiten. Es geht nicht darum, den einen richtigen Weg vorzugeben, sondern die Lernenden dabei zu unterstützen, ihr bisheriges Lernhandeln zu hinterfragen, sie zum Weiterprobieren zu ermuntern, mit ihnen zu klären, welche Erkenntnisse sie aus den bisherigen Versuchen ableiten können und welche weiteren Ideen sie für eine Lösung (oder für alternative Lösungen) haben.
- Im Handlungslernen wird das *Pädagogische Paradox* ganz offensichtlich: Man lernt Handlungen dadurch, dass man tut (und sich dabei selbst korrigiert), was man erst lernen will.

- Auch das *Herausforderungs-Bewältigungs-Paradigma* ist kennzeichnend für ein gelingendes Handlungslernen: Man lernt, indem man sich Herausforderungen (bisher unbekannten Aufgaben usw.) stellt und diese auch bewältigt. Wenn die Aufgabe keine neuen Anforderungen bietet, gibt es keinen Anlass, etwas zu lernen.
- Daraus lässt sich die Regel der *dosierten Überforderung* ableiten: Eine Aufgabe ist eine passende Lernaufgabe, wenn sie über die vorhandenen Kompetenzen hinausgeht, aber mit erhöhtem Engagement und unterstützender Begleitung zu bewältigen ist.

Handlungslernen kann sowohl in formellen als auch in informellen Lernsituationen geschehen.

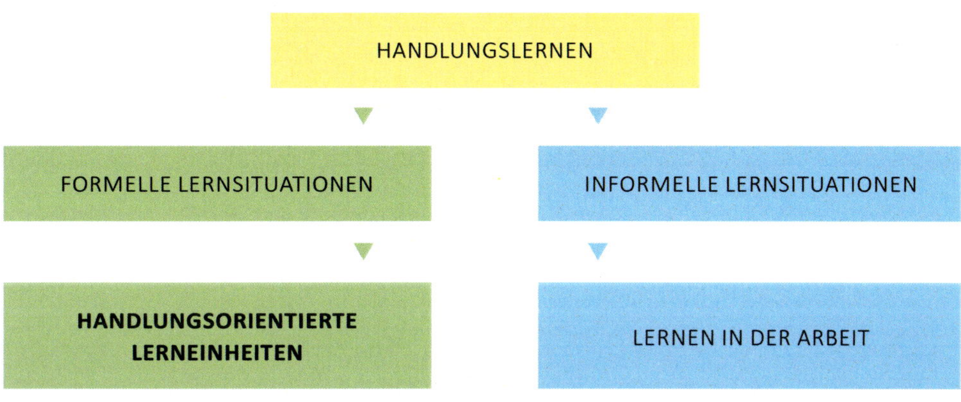

Abb. 2: Handlungslernen

Formelle Lernsituationen sind bewusst gestaltete und gezielt geplante Lernsituationen wie beispielsweise Seminare, Workshops und Unterricht.

Handlungsorientierte Lerneinheiten zu gestalten heißt also, für bestimmte angestrebte Lernergebnisse (d.h. für die Handlungskompetenzen, die durch die Lernveranstaltung gefördert werden sollen), eine reale oder möglichst realitätsnahe Handlungssituation oder eine komplexe Aufgabe zu suchen bzw. zu konstruieren, die es den Lernenden ermöglicht, selbständig zu arbeiten. Im entdeckenden Handeln und der dazu gehörenden Reflexion des Handlungsprozesses und der Handlungserfahrungen können die Lernenden alles lernen, was zur Bewältigung der Aufgabe nötig ist. So entwickeln sich Kompetenzen, und eine Lehrveranstaltung wird zur Lernveranstaltung.

In der Schule spricht man in diesem Kontext vom Konzept des handlungsorientierten Unterrichts, welches den Gegenpol zum Instruktionslernen darstellt.

EXKURS

Handlungsorientierter Unterricht

Hinter dem Begriff des handlungsorientierten Unterrichts verbirgt sich eine unübersichtliche Vielfalt an Definitionen und konzeptioneller Verwendung.

Aus didaktischer Sicht erfolgt handlungsorientierter Unterricht in schüleraktiven, ganzheitlichen und problemhaltigen Lernsituationen in einem authentischen komplexen, lebens- und berufsnahen Kontext.

Ein besonders wichtiger Punkt beim handlungsorientierten Unterricht in der Berufsschule besteht darin, dass Theorie entlang der Lösung komplexer beruflicher Aufgaben erarbeitet wird. Es erfolgt ein Lernen durch Handeln, ein theoretisch gesteuertes und reflektiertes Lernen für das Handeln-Können im Beruf. (Vgl. Schelten, Andreas (2000): Begriffe und Konzepte der berufspädagogischen Fachsprache. Eine Auswahl. Stuttgart. Franz Steiner Verlag , S. 74.)[7]

> Nach einer Definition des Schulpädagogen Hilbert Meyer ist der handlungsorientierte Unterricht „ein ganzheitlicher und schüleraktiver Unterricht, in dem die zwischen dem Lehrer/der Lehrerin und den SchülerInnen vereinbarten Handlungsprodukte die Gestaltung des Unterrichtsprozesses leiten, so dass Kopf- und Handarbeit der SchülerInnen in ein ausgewogenes Verhältnis zueinander gebracht werden können." (Jank/Meyer. Didaktische Modelle. Frankfurt/Main, 1991. S. 354)[8]
>
> Die Bildungspolitik sieht Handlungsorientierung auf Leitbildebene beruflicher Bildung als Reaktion auf geänderte Anforderungen durch den Wandel der Arbeitswelt. Schon in der Rahmenvereinbarung der Kultusministerkonferenz zur Berufsschule von 1991 wird Handlungsorientierung als pädagogische Ausrichtung gefordert. Die lernfeldorientierten Lehrpläne, die seit den Neuordnungen 1996 umgesetzt werden, folgen dieser Forderung.
>
> (Vgl. Riedl, Alfred / Schelten, Andreas (2013): Grundbegriffe der Pädagogik und Didaktik beruflicher Bildung, Stuttgart.[9]

Informelle Lernsituationen beschreiben Lernsituationen, die nicht gezielt für den Anlass des Lernens geplant sind. Das Lernen geschieht vielmehr durch das Tun der Lernenden – manchmal zufällig, manchmal aber auch bewusst. Erfolgt das Lernen in informellen Situationen am Arbeitsplatz, spricht man von **Lernen in der Arbeit.** Hier wird so weit wie möglich dadurch gelernt, dass die/der Lernende real (mit)arbeitet, also Echtaufgaben übernimmt. Es wird nicht mit *erfundenen Handlungssituationen, sondern mit der echten (Arbeits-)Welt* gearbeitet. Lernen in der Arbeit kann wesentlich intensiviert werden, wenn Lernende dabei unterstützt werden. Eine solche Unterstützung bietet die Lernprozessbegleitung. Lernende und Begleitende planen gemeinsam das Lernen am Arbeitsplatz und reflektieren die Erfahrungen. So werden die informellen Lernerlebnisse als Lernerträge bewusst gemacht.

7 Vgl. Schelten, 2000: S. 74
8 Jank/Meyer, 1991: S. 35
9 Riedl/Schelten, 2013: S. 130

2.3 Was bedeutet der Wandel von der Fachsystematik zur Handlungssystematik in kompetenzorientierten Lernveranstaltungen?

Aus den vorhergehenden Betrachtungen wird also deutlich: Eine Lernveranstaltung auf den Erwerb von Kompetenzen auszurichten bedeutet, eine komplexe Arbeitsaufgabe/ eine komplexe Arbeitshandlung zu ihrem Ausgangspunkt zu machen. Wie diese komplexe Aufgabe für das Lernen aufbereitet wird und welcher Systematik diese Aufbereitung folgt, spielt dabei die entscheidende Rolle. Wir unterscheiden zwischen Handlungs- und Fachsystematik.

Die Aufbereitung und Sequenzierung[10] eines Lernprozesses für Lernende folgt einer **Handlungssystematik**, wenn sich der Lernprozess am tatsächlichen Verlauf einer komplexen Handlung oder Aufgabe orientiert. Kennzeichnend für die Handlungssystematik ist auch, dass die Aufgabe vollständig bearbeitet wird, d.h., die Aufgabe wird von den Lernenden geplant, durchgeführt und auch evaluiert.

Im Unterschied dazu wird klassischer (Schul-)Unterricht häufig nach einer **Fachsystematik** gegliedert, indem man das zu Lernende in unterschiedliche Schulfächer packt und unabhängig von realen Aufgaben unterrichtet. Auch in der Ausbildung begegnet man dem Gliederungsprinzip der Fachsystematik, wenn ein Arbeitsablauf zergliedert wird in Einzelfertigkeiten wie etwa Messen, Anreißen, Sägen, Bohren usw. Diese werden dann zunächst als Einzelfertigkeiten von den Lernenden trainiert, häufig in der Reihenfolge *vom Einfachen zum Schwierigen*. Dieses Vorgehen befähigt die Lernenden aber noch nicht, die einzelnen (geübten) Arbeitsschritte in ihrer Gesamtheit zu planen und als Prozess bis zum fertigen Werkstück inklusive einer Qualitätskontrolle auszuführen, also den realen Prozess zu bewältigen. In einer Fachsystematik wird Wissen häufig isoliert abgespeichert und auch Teilfertigkeiten werden einzeln gelernt und nicht so, wie sie im Zusammenspiel gebraucht werden.

Fachsystematisch aufgebaute Lerneinheiten können durchaus aktivierende, handelnde Elemente enthalten, wenn diese Handlungselemente aber nicht im Zusammenhang wie im realen Arbeitsprozess stehen, bleiben sie trotzdem abstrakt und für reales Handeln nicht nutzbar.

Dazu ein Beispiel aus der Ausbildung: Ein Ausbilder lässt die Auszubildenden zunächst die wichtigsten Funktionalitäten und die Bedienungsweise einer technischen Anlage erkunden. Alle Lernenden erarbeiten in Gruppen ihre Ergebnisse und stellen sie im Plenum vor. Es folgt eine Besprechung der Ergebnisse und der Ausbilder ergänzt die fehlenden theoretischen Inhalte. Als nächstes erläutert der Ausbilder, wie Werkzeug und Werkstück in der Anlage angebracht und gewechselt werden. Einige Auszubildende können das direkt im Anschluss üben, die anderen beobachten sie dabei und geben Hilfestellung. Im weiteren Verlauf des Lehrgangs werden noch alle anderen Teilaktivitäten geübt und besprochen, die für die Bedienung relevant sind. Eine echte, umfassende Aufgabe, die mit der Anlage bearbeitet werden kann, erhalten die Lernenden erst ganz am Ende des Lehrgangs. Erst jetzt erfahren sie, wie die einzelnen Teilaktivitäten zusammenspielen müssen, um die Aufgabe zu bearbeiten.

Noch ein Beispiel aus der Weiterbildung: Eine Führungskraft besucht ein Seminar zum Thema „Gespräche mit Mitarbeitenden führen". Sie lernt in unterschiedlichen Übungen einzelne Gesprächstechniken kennen, wie zum Beispiel Techniken des aktiven Zuhörens oder des systemisch-zirkulären Fragens. Im Seminar werden erfahrungsorientierte Übungen durchgeführt. Auch eine künstlerische Übung findet statt. Die Führungskraft ist sehr angetan vom Seminar und hat den Eindruck, viele neue Einsichten gewonnen zu haben. Nach dem Kurs kommt sie an ihren Arbeitsplatz zurück. Sie hat sich fest vorgenommen, das Gelernte umzusetzen. Beim nächsten Gespräch versucht sie die Techniken anzuwenden, aber es funktioniert nicht so wie im Seminar. Die Führungskraft merkt, dass sich für sie bei der Umsetzung der Gesprächstechnik ganz andere Fragen ergeben als die, die im Seminar besprochen wurden. Überhaupt ergeben sich viel mehr Fragen, weil sich die Situation in der Praxis ganz anders darstellt als im Seminar. Die Praxis ist komplexer.

[10] Der Begriff Sequenzierung meint die Festlegung der Reihenfolge der einzelnen Lernschritte, die für einen umfassenden Lernprozess durchlaufen werden.

Wie die Beispiele zeigen, ergeben sich aus Lerneinheiten, die der Fachsystematik folgen, Transferprobleme: Das Gelernte kann nicht unmittelbar im konkreten Praxiszusammenhang angewendet werden – und dies, obwohl die Lerneinheiten mit vielen Übungs- und Erfahrungselementen angereichert waren.

Es gilt nun, veranstaltetes Lernen nicht mehr einer Fachsystematik folgend (aufgeteilt in zu lernende *Wissensbausteine* und zu übende *Fertigkeiten*) zu zergliedern, sondern das Gliederungsprinzip der Handlungssystematik konsequent auf die Gestaltung von Lernveranstaltungen anzuwenden. Es geht dabei nicht mehr darum, die Komplexität zu reduzieren und zu *zerschneiden*, sondern sie produktiv für das (Kompetenz-)Lernen zu nutzen.

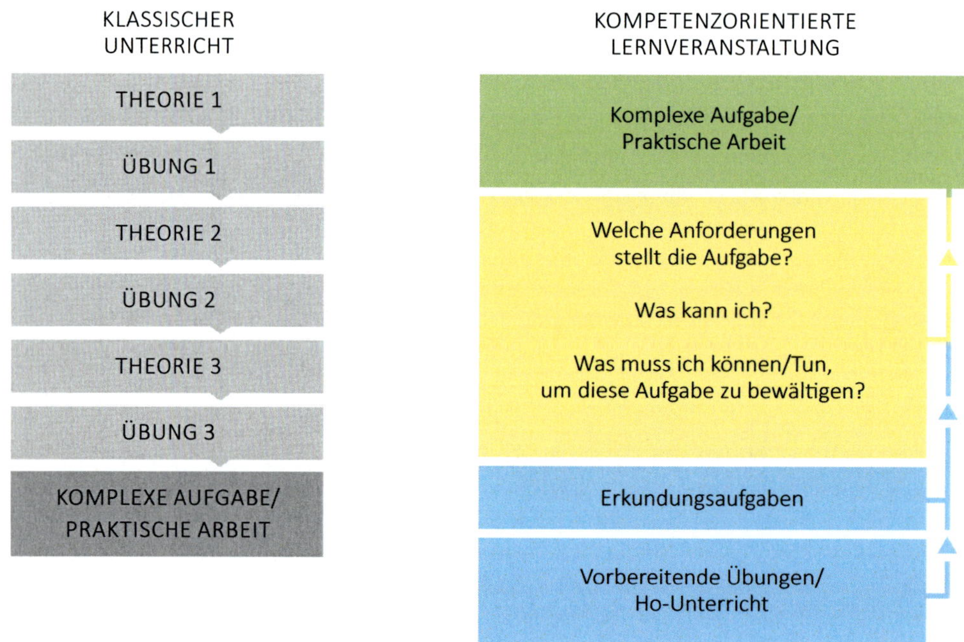

Abb. 3: Gegenüberstellung klassischer Unterricht und kompetenzorientierte Lernveranstaltung

Aus der Grafik wird deutlich, wie sich die Handlungssystematik von der Fachsystematik unterscheidet. In der Praxis handelt es sich jedoch meist um eine Mischform. Eine Lernveranstaltung folgt also zu größeren oder geringeren Teilen der einen oder anderen Systematik.

Typisch für einen klassischen Lehrgangs-, Seminar- oder Unterrichtsaufbau ist es, dass die Lernenden über einzelne Schritte, oft in einer Kombination von Theorie und Übung, auf eine umfassende Aufgabe vorbereitet werden. Verbreitet ist die Reihenfolge: zuerst Theorie und dann die praktische Umsetzung bzw. das Üben der theoretischen Vorgaben. Auch in dieser Form von Unterricht werden die Lernenden zwar aktiv, weil sie bestimmte Übungssequenzen absolvieren, aber hierbei kann noch nicht wirklich von einem kompetenzorientierten Unterricht gesprochen werden. Die Übungssequenzen beschränken sich in der Regel auf klar begrenzte Ausschnitte der gesamten Handlung oder der gesamten Aufgabe.

Für eine kompetenzorientierte Lernveranstaltung bietet sich genau das gegenteilige Vorgehen an: Die Lernenden erhalten schon zu Beginn einer Lernsequenz die gesamte Aufgabe bzw. begeben sich in die Handlungssituation, die zu bewältigen gelernt werden soll. Das heißt, sie erhalten zum Beispiel bereits zu Beginn

- die Aufgabe, ein Marketingkonzept für ein bestimmtes Produkt zu entwickeln,
- die Aufgabe, im Technikum an den chemischen Anlagen bestimmte chemische Prozesse durchzuführen oder
- im Rahmen eines Train-the-Trainer-Seminars die Aufgabe, ein Seminar zu planen und durchzuführen.

Diese Aufgaben werden den Lernenden übergeben, ohne dass sie sich im Vorfeld schon theoretisch mit den einzelnen Prozessen auseinandergesetzt haben. Natürlich ist es wichtig, die Lernenden mit diesen zugegebenermaßen komplexen und anspruchsvollen Aufgaben nicht alleine zu lassen – das würde eine Überforderung und damit eine Demotivation für die Lernenden darstellen. Dennoch soll eine Aufgabe durchaus eine Herausforderung (bzw. eine dosierte Überforderung) darstellen. Entscheidend ist, dass der Entdeckergeist und das selbständige Suchen nach der Lösung für die Aufgabe über weitere erkundende Teil-Aufgaben angeregt werden.[11]

Wir sprechen also erst dann von einer kompetenzorientierten Lernveranstaltung,

- wenn es gelingt, die komplexe Handlungsaufgabe zum Ausgangspunkt der Lernaktivitäten zu machen,
- und wenn die Lernenden ihren individuellen Weg mit Hilfe von Erkundungsaufgaben, Übungen und Theorie-Informationen möglichst eigenständig gestalten können, begleitet vom/von der Lehrenden in der Rolle als Lernprozessbegleiter:in.

Erst dann wird die Komplexität der Praxis in den Seminarraum geholt.

[11] Wie es gelingen kann, hier die passenden Aufgaben zu formulieren und Lernende bei diesem herausfordernden Lernprozess zu begleiten, ist Gegenstand der weiteren Kapitel dieses Essentials.

Teil 3

Wie kann ich kompetenzorientierte **Lernveranstaltungen planen?**

Um kompetenzorientierte Lernveranstaltungen bzw. Unterrichtssequenzen zu gestalten, bietet es sich an, in folgenden Schritten vorzugehen:

1. Reale Arbeitssituation analysieren und Anforderungen herausarbeiten

Für eine konsequente Planung und Umsetzung der Lernveranstaltung nach dem Prinzip der Handlungssystematik muss dieser Schritt am Anfang der Planung stehen. Die/der Lehrende betrachtet die reale(n) komplexen Arbeitsaufgabe(n), die die Lernenden nach der Lernveranstaltung (besser) ausführen können sollen. Mit Hilfe einer Tätigkeitsanalyse werden die Arbeitsaufgaben kleinteilig analysiert und auf ihre kritischen Stellen hin untersucht. Als letzter Schritt werden die Kompetenzanforderungen herausgearbeitet, die die Aufgaben an Ausführende stellen. Zugleich stellen diese Kompetenzanforderungen den Lerngehalt dieser Aufgaben dar (das ist wichtig für Schritt 4).

2. Lernbedarf ermitteln und angestrebte Lernergebnisse identifizieren

Die angestrebten Lernergebnisse, d.h., die Kompetenzen, die im Rahmen der Lernveranstaltung gefördert werden sollen, sind Ausgangspunkt der weiteren didaktischen Planung und sollten daher möglichst klar und verständlich formuliert sein. Diese angestrebten Lernergebnisse können auf unterschiedlichem Weg zustande kommen. Es kann vorkommen, dass sie bereits in einem Curriculum (Ausbildungs- oder Fortbildungsrahmenplan) beschrieben sind. Wenn kein Curriculum vorliegt, können sie mit Hilfe der in Schritt 1 beschriebenen Tätigkeitsanalyse inkl. Ableitung der für diese Tätigkeit erforderlichen Kompetenzen identifiziert werden.

3. Inhalte festlegen

Im nächsten Schritt sollte man sich Gedanken machen, welche Themen, Inhalte oder Wissensbestandteile (oft als *Stoff* bezeichnet) für die zu entwickelnden Kompetenzen relevant sind. Wenn die angestrebten Lernergebnisse einer Lernveranstaltung gut beschrieben sind, stehen die Inhalte zumindest grob bereits fest. Weil es nicht möglich ist, alle potentiell relevanten Themen und Inhalte in einer Lernveranstaltung zu behandeln, muss man in diesem Schritt eine begründete Auswahl treffen. Wenn Auszubildende z.B. lernen sollen, Kund:innen bedarfsgerecht zu beraten, muss entschieden werden, welche Gesprächstechniken und -modelle dafür hilfreich sind.

4. Komplexe Handlungsaufgabe inkl. vorbereitende Aufgaben auswählen

Die/der Lehrende bestimmt nun die im 1. Schritt bereits analysierte komplexe Aufgabe näher, die die Lernenden im Rahmen der Lernveranstaltung möglichst selbständig bearbeiten sollen. Wie umfassend die Aufgabe ist, kann durchaus variieren. Z.B. kann die Lernveranstaltung ein großes Projekt beinhalten oder die Erstellung eines anspruchsvollen Produkts (Werkstück o. Ä.). Vielleicht beinhaltet die Lernveranstaltung auch nur kleinere handlungsorientierte Sequenzen, d.h. Handlungsaufgaben, die die Lernenden eigenständig bearbeiten (z.B. in Gruppenarbeit Projektpläne oder Produktskizzen entwerfen). Um die ausgewählte komplexe Handlungsaufgabe zeitlich und inhaltlich gut bewältigen zu können, braucht es vorbereitende Aufgaben. Auch diese Teil-Aufgaben müssen ausgewählt werden.

5. Das methodische Vorgehen bestimmen (methodisches Arrangement)

In diesem Schritt geht es an die Detailplanung der einzelnen Sequenzen der handlungs- und kompetenzorientierten Lernveranstaltung. Dazu gehören folgende Aspekte:

a) Die konkreten Arbeitsaufträge formulieren

Sowohl die komplexe Handlungsaufgabe als auch die vorbereitenden Aufgaben müssen konkret formuliert werden. Dabei ist zu überlegen, wie offen oder geschlossen die Teil-Aufträge formuliert sind, d.h., wie stark sie schon Vorgaben z.B. zu den Methoden oder Materialien machen, oder ob sie den Lernenden dazu Entscheidungsfreiraum lassen. Die Aufträge können die Lernenden dazu auffordern, sich Wissen zu der Gesamtaufgabe zu erarbeiten, oder auch bestimmte Fertigkeiten zu üben. Wichtig ist eine möglichst klare Formulierung der Arbeitsaufträge. Wenn es beispielsweise das Projektziel ist, ein Marketingkonzept für ein neues Produkt zu entwerfen und der Geschäftsleitung vorzustellen, dann könnte ein vorbereitender Arbeitsauftrag lauten: „Fasst die Aussagen der euch vorliegenden Marketing-Literatur knapp zusammen. Entscheidet euch für ein Konzept, das zum Produkt xy passt und begründet eure Entscheidung."

b) Methoden auswählen

Jede Teilaufgabe kann in einer bestimmten methodischen Form bearbeitet werden. Lehrende sollten verschiedene Methoden bewusst auswählen und für die jeweilige

Gruppe und den jeweiligen Arbeitsauftrag hin ausgestalten. Für eine Unterrichtssequenz, in der sich Lernende selbst Wissen anhand von Texten oder bestimmten Internet-Quellen aneignen sollen, muss z.B. klar sein, welche Aspekte sie aus der Literatur zusammenfassen sollen, in welcher Form sie die gefundenen Informationen visualisieren sollen und wie sie ihre Recherche-Ergebnisse ihren Mit-Lernenden präsentieren sollen. Konkrete Vorschläge für Methoden und ihre Ausgestaltung finden sich im *Werkzeugkoffer Aus- und Weiterbildungspädagogik – Lernveranstaltungen gestalten.*[10] Entscheidend für die Auswahl und Ausgestaltung der Methoden sollte aber nicht in erster Linie ihr Wow-Effekt oder ihr vermeintlicher Spaß-Faktor sein, sondern das (Lern-)Ziel, das mit der Methode zu erreichen ist.

c) Medien auswählen
Um Informationen zu verdeutlichen und an die Lernenden zu *transportieren,* werden (Lern-)Medien eingesetzt. Die Auswahl und die Ausgestaltung der Medien ist ein wichtiger Schritt in der Vorbereitung von Lernveranstaltungen. Die sich erweiternden Möglichkeiten durch digitale Medien können Lernveranstaltungen sehr bereichern, stellen aber auch zusätzliche Anforderungen an Lehrende und Lernende.

d) Sozialformen auswählen
In der Regel parallel zur Auswahl einer bestimmten Methode wird entschieden, in welcher Sozialform, d.h. in welcher Form des kooperativen Lernens (Einzelarbeit, Paar- oder Gruppenarbeit, Arbeit im Plenum) die Aufträge bearbeitet, präsentiert und diskutiert werden sollen. Nicht nur für die Bearbeitungssequenzen ist es wichtig, die Sozialform zu überlegen, sondern auch für die Reflexionssequenzen. Für die Auswertung, Zusammenfassung und ggf. Ergänzung der inhaltlichen Gruppenergebnisse bietet sich die Arbeit im Plenum an. Die Reflexion persönlicher Lernerträge und Aha-Erlebnisse kann aber auch als Einzelarbeit oder in Murmelgruppen[11] geschehen.

6. Zeit- und Ablaufplan erstellen

Natürlich muss die geplante kompetenzorientierte Lernveranstaltung in einen zeitlichen Rahmen passen. Die Zeitperspektive begleitet also alle vorhergehenden Planungsschritte und muss spätestens an dieser Stelle konkretisiert werden. Gegebenenfalls müssen aus der Zeitperspektive auch vorherige Entscheidungen verändert werden und z.B. weniger komplexe Aufgaben gestellt oder die Diskussion von Ergebnissen verdichtet werden.

7. Weitere Planungs- und Vorgehensschritte

Weitere Schritte, die nicht nur bei handlungs-/kompetenzorientierten Lernveranstaltungen notwendig sind, beziehen sich auf die Vorbereitung und Herstellung sämtlicher Unterlagen, Medien und Materialien, auf die Ausstattung und Gestaltung der Seminar- oder Arbeitsräume und alle anderen organisatorischen Aspekte rund um eine gelungene Lernveranstaltung.

In den folgenden Kapiteln werden einzelne Planungsschritte detaillierter beschrieben.

3.1 Wie analysiere ich die reale Arbeitssituation?

In formalen Lernveranstaltungen sind die angestrebten Lernergebnisse in der Regel bereits im zugrundeliegenden Lehrplan bzw. Curriculum beschrieben. Der Lehrplan benennt alle Kompetenzen, die für den Abschluss eines Ausbildungs- oder Fortbildungsberufs notwendig sind. Bei Ausbildungsberufen sind diese Kompetenzen oder angestrebten Lernergebnisse auch in eine zeitliche Gliederung gebracht.

Wenn kein vorgegebenes Curriculum existiert, müssen die Soll-Kompetenzen im Rahmen einer Geschäftsprozess- oder Tätigkeitsanalyse ermittelt werden. Diese Analyse besteht aus zwei Schritten:

1. Schritt: Tätigkeitsbeschreibung

Zunächst werden die Prozesse oder Tätigkeiten, auf die Lernende sich vorbereiten, genau untersucht. Ergebnis ist eine Tätigkeitsbeschreibung, d.h. eine Beschreibung dessen, was ein/e erfahrene/r Mitarbeiter:in im Einzelnen tut, um den Arbeitsprozess oder die Tätigkeit auszuführen. Darin enthalten sind sowohl Teiltätigkeiten, die man von außen beobachten kann, als auch solche, die nicht von außen beobachtet werden können, wie z.B. Entscheidungen treffen, oder Schlüsse aus bestimmten Arbeitsergebnissen ziehen.

Folgende Fragen werden zur genauen Beschreibung der Tätigkeit oder des Geschäftsprozesses gestellt:

Tätigkeitsablauf/Schritte des Prozesses

Was tut eine Person mit dieser Aufgabe genau?

In welchen Schritten geht sie vor?

Die Prozessschritte werden so detailliert wie möglich auf der Ebene der Handlungen (in Verben!) beschrieben.

(Erfolgs)kritische Stellen im Arbeitsprozess

Worauf kommt es besonders an?

Was kann leicht falsch gemacht werden?

Wovon hängt es ab, dass es *gut* wird?

Welche Schlüsselstellen, besonders schwierige oder kritische Schritte gibt es im Prozess?

Wo werden Entscheidungen getroffen?

Wo muss abgewogen werden?

Wo kommt dem *Bauchgefühl* besondere Bedeutung zu?

Die erfolgskritischen Stellen eines Arbeitsprozesses heraus zu arbeiten ist wichtig, da diese Stellen besondere Anforderungen an die Handelnden stellen. Diese Stellen verlangen Aufmerksamkeit, situatives Abwägen und Entscheiden. Hier zeigen sich die Kompetenzen von erfahrenen Mitarbeiter:innen, um den Prozess erfolgreich zu bearbeiten.

Folgende Wege bieten sich an, um zu einer umfassenden Tätigkeitsbeschreibung zu kommen:

- Beobachtung von erfahrenen Mitarbeiter:innen, die die Tätigkeiten ausführen
- Befragung von erfahrenen Mitarbeiter:innen
- Befragung von Expert:innen oder Führungskräften

2. Schritt: Analyse der Kompetenzanforderungen

Anschließend werden aus dieser Beschreibung die Anforderungen abgeleitet, die die Tätigkeit stellt. Man fragt also für jeden einzelnen Teilschritt der Tätigkeit nach, was man dafür wissen muss, welche Fertigkeiten und Fähigkeiten oder welche Werte und Haltungen dafür wichtig und hilfreich sind. Diese Kompetenzanforderungen lassen sich meist nicht unmittelbar aus der Tätigkeitsbeschreibung ablesen. Sie müssen vielmehr *übersetzt* werden, d.h. aus den Einzelschritten interpretiert werden, idealerweise zusammen mit Menschen, die in den Aufgaben sehr erfahren sind.

Folgende Fragen werden dabei gestellt:

- Welches Wissen wird benötigt, um die Aufgabe erfolgreich auszuführen?
- Welche Fertigkeiten und Fähigkeiten sind dafür wichtig und hilfreich?
- Welche Werte und Haltungen sind in diesem Prozess von besonderer Bedeutung?
- Welche Fach-, Methoden-, Sozial- und personale Kompetenzen fordert die Aufgabe?

Auf folgenden Wegen kann man die Analyse der Kompetenzanforderungen vornehmen:

- Befragung von erfahrenen Mitarbeiter:innen (idealerweise während bzw. nachdem man sie beim Arbeiten beobachtet hat)
- Befragung von Expert:innen oder Führungskräften (wenn letztere sich gut mit den Aufgaben auskennen)
- Selbstexperiment (d.h., man führt als Laie die Tätigkeit aus und wird dabei darauf aufmerksam, was man alles wissen und können muss; das hat bei anspruchsvollen Aufgaben natürlich schnell Grenzen)

Aus diesem Material kann man dann die Anforderungen in Form von gefordertem Wissen, Fähigkeiten/Fertigkeiten, Kompetenzen und Einstellungen zusammenstellen.[12] Es ist in jedem Fall sinnvoll, diese Zusammenstellung mit den Betroffenen oder Expert:innen noch einmal durchzugehen und dadurch zu validieren, d.h. sicher zu stellen, dass man das Gesagte und Beobachtete auch richtig verstanden hat.

[12] Letztlich folgt diese Anforderungsanalyse dem gleichen Vorgehen wie die Analyse des Lerngehalts einer Arbeitsaufgabe. Auch diese Analyse setzt sich zusammen aus einer genauen Beschreibung der Arbeitsaufgabe und aus der Ableitung der nötigen Kompetenzen für diese Aufgabe (die Anforderungen).

3.2 Wie ermittle ich Lernbedarfe?

Neben der Analyse der realen Arbeitsaufgaben (s. 3.1) ist in jeder systematischen Planung einer Unterrichts- oder Aus- bzw. Weiterbildungseinheit die Ermittlung der Lernbedarfe der Teilnehmenden oder der adressierten Zielgruppe wichtig. Denn erst wenn feststeht, was Lernende oder potenzielle Teilnehmer:innen an einer Lernveranstaltung eigentlich lernen wollen bzw. sollen, kann die Veranstaltung entsprechend gestaltet werden. Ein Lernbedarf (oft auch als Bildungsbedarf oder Qualifizierungsbedarf bezeichnet) beschreibt also die Kompetenzen, über die Lernende noch nicht verfügen, die sie aber – zur Ausübung eines Berufs, zur Übernahme einer neuen Aufgabe oder auch für ein Hobby oder eine Freizeitbeschäftigung – lernen wollen oder müssen. Ein Bildungsbedarf ist also eine mehr oder weniger lange Liste von Kompetenzen. Diese Kompetenzen werden zur weiteren Planung einer Lernveranstaltung auch als angestrebte Lernergebnisse bezeichnet.

Wie jeder Bedarf ergibt sich auch der Lern- oder Bildungsbedarf aus dem Abgleich einer *Soll-Situation* mit einer *Ist-Situation*. Beim Bildungsbedarf werden die Soll-Kompetenzen den Ist-Kompetenzen gegenübergestellt.

Schritte der Lern- oder Bildungsbedarfsanalyse

1. **Erhebung der geforderten Kompetenzen (Soll) im Rahmen einer Anforderungsanalyse**
   Welche Kompetenzen helfen Menschen, um Aufgaben mit bestimmten Anforderungen angemessen selbstständig bewältigen zu können? Was sollten sie dafür können oder wissen?

2. **Erhebung der vorhandenen Kompetenzen der Zielgruppe (Ist)**
   Über welche Kompetenzen verfügen die Personen bereits, die sich auf bestimmte Aufgaben vorbereiten? Was können und wissen sie bereits?

3. **Soll-Ist-Abgleich der Kompetenzen**
   Die geforderten und die vorhandenen Kompetenzen werden nun gegenübergestellt. Die Differenz bildet den Lern- oder Bildungsbedarf.

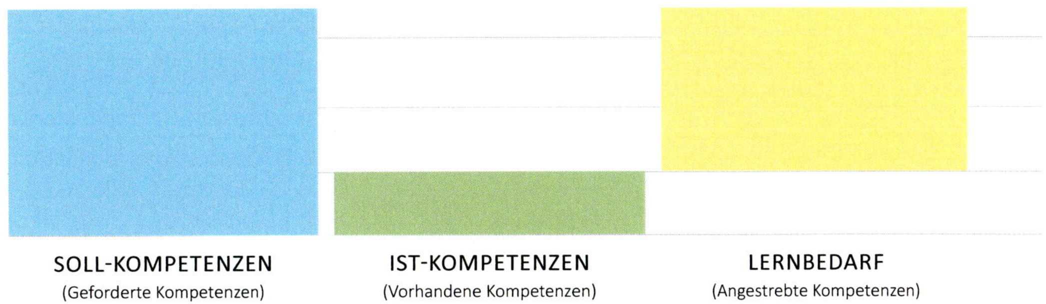

Abb. 4: Schematische Darstellung der Lernbedarfsfeststellung

Zum 1. Schritt: Kritik der Anforderungsanalyse

Die einzelnen Schritte einer Anforderungsanalyse wurden im Kap. 3.1 beschrieben.

Die Festlegung von Soll-Kompetenzen basierend auf einer Anforderungsanalyse ist immer wieder kritisiert worden, weil der Lernbedarf zu sehr an betriebliche bzw. Arbeitsbelange gebunden werde und die Lernwünsche und -interessen der Lernenden zu wenig berücksichtige. Der so festgelegte Bildungsbedarf stelle damit zu sehr auf Anpassungsqualifizierungsziele ab.

Ebenso gut könnte man auch die Lernenden fragen, was sie in Zukunft gerne können und wissen wollen, worin sie besser werden wollen oder wie sie sich in ihrem Leben weiterentwickeln wollen. Auch so kann ein Bild von angestrebten Kompetenzen entstehen. Diese Kritik hat zu sehr komplexen Modellen der Bedarfsermittlung geführt, auf die hier nicht eingegangen werden soll.

In der Praxis sollte man sich dieser Probleme des klassischen Ansatzes bewusst sein und nach Möglichkeiten suchen, um den individuellen Entwicklungswünschen der Lernenden ebenso starke Beachtung zu schenken, wie den Anforderungen der Arbeitsaufgabe. Oftmals finden sich im gemeinsamen Arbeiten in der Lernveranstaltung dann gute Wege, das Soll(en), das die Aufgabe erfordert, und das, was die Teilnehmenden lernen wollen, gewinnbringend zu verbinden.

So bietet es sich z.B. im Vorfeld oder zu Beginn einer Lernveranstaltung an, den festgestellten Lernbedarf und die angestrebten Lernergebnisse mit den Lernenden zu besprechen und nach deren Schwerpunktsetzungen oder darüber hinausgehenden Lernwünschen zu fragen.

Während einer Lernveranstaltung kann beispielsweise über Steuerungs-Feedbacks und kurze *Blitzlicht*-Feedbackrunden immer wieder nachgesteuert werden. So kann der Abgleich zwischen den Lernbedarfen der Teilnehmenden und den Anforderungen der Arbeitsaufgaben dialogisch gestaltet werden (zu einer *dialogischen Haltung* siehe auch Essential *Gesprächsführung*).

Zum 2. Schritt: Möglichkeiten zur Feststellung der Ist-Kompetenzen

Um die schon vorhandenen Kompetenzen der Lernenden zu erheben, bieten sich grundsätzlich zwei Herangehensweisen an. Sie unterscheiden sich darin, wer die vorhandenen Kompetenzen feststellt:

Feststellung von außen (Fremdbeobachtung der Lernenden)

Wenn Außenstehende die vorhandenen Kompetenzen von Lernenden einschätzen sollen, sind es in der Regel Verantwortliche (Lehrer:innen, Ausbilder:innen oder Führungskräfte), die eng mit den Lernenden zusammenarbeiten und sie in relevanten Anforderungssituationen gut beobachten können. Die Beobachtung kann mehr oder weniger systematisch erfolgen. Es können z.B. auch Tests oder Arbeitsproben genutzt werden.

Feststellung durch die Betroffenen selbst (Selbstbeobachtung / Selbstreflexion)

Da Kompetenzen im Menschen liegende Dispositionen zum Handeln sind, lassen sie sich von außen nicht unmittelbar erkennen. Man kann eigentlich nur durch ein wiederholtes kompetentes Handeln in bestimmten Anforderungssituationen darauf schließen (d.h. vermuten), dass jemand über bestimmte Kompetenzen verfügt. Deshalb erscheint es fast unverzichtbar, dass man die Betroffenen selbst bittet, die eigenen Kompetenzen zu reflektieren und zu beschreiben. Für eine fundierte Selbstreflexion gibt es unterschiedliche Verfahren und Unterstützungsformen. Die Selbstreflexion kann z.B. alleine schriftlich, anhand eines Fragenkatalogs, zusammen mit einer anderen Person oder auch in Gruppen erfolgen.

Zum 3. Schritt: Gegenüberstellung von Soll- und Ist-Kompetenzen zur Ermittlung des Lernbedarfs und Festlegung der angestrebten Lernergebnisse

Nachdem die Soll-Kompetenzen und die Ist-Kompetenzen ermittelt wurden, müssen sie gegenübergestellt werden, um die Differenz, das Delta, d.h. den Lernbedarf der Zielgruppe festzustellen. Diese Gegenüberstellung ist aber kein einfacher rechnerischer oder graphischer Vergleich, sondern dieser Schritt ist mit mehreren Schwierigkeiten behaftet:

Schwierigkeit der Vergleichbarkeit

Wie können die Soll- und die Ist-Kompetenzen beschrieben werden, so dass sie möglichst einfach miteinander verglichen werden können? Um das zu erleichtern, fragt man die vorhandenen Kompetenzen der Zielgruppe häufig in standardisierter Form ab. Das kann z.B. in der Art geschehen, dass die geforderten Kompetenzen möglichst verständlich und aussagekräftig als Anforderungsprofil beschrieben werden und die Lernenden selbst bzw. andere Personen (Führungskräfte) angeben, inwiefern diese Kompetenzen bereits vorhanden sind. Diejenigen Kompetenzen, über die die Zielgruppe nicht oder nur in einer schwachen Ausprägung verfügt, müssen also Gegenstand eines entsprechenden Qualifizierungsangebots sein. Das Anforderungsprofil kann natürlich noch differenzierter sein, z.B. indem zu den einzelnen Kompetenzen auch Wissensbestandteile oder Fertigkeiten beschrieben sind, die abgefragt werden.

Wenn Ist-Kompetenzen nicht anforderungsbezogen und damit konkret erfragt werden, sondern in einer offenen Form erhoben werden, ist der Abgleich mit den Soll-Kompetenzen deutlich schwieriger, da die vorhandenen Kompetenzen aus den offenen Formulierungen *herausgelesen,* d.h. interpretiert werden müssen.

Schwierigkeit der Individualisierbarkeit

Wenn die Soll-Ist-Gegenüberstellung für mehr als eine/n individuelle/n Lernende:n gemacht wird, sieht das jeweilige Delta bei jeder Person wahrscheinlich etwas anders aus. Einige Lernende verfügen über bestimmte Kompetenzen, andere jedoch nicht. Welches Delta soll denn nun als Referenz für die Lernveranstaltung und für die Festlegung der angestrebten Lernergebnisse gelten? Mit dieser Frage ist zugleich der größte Nachteil von Gruppenveranstaltungen angesprochen: Auch das sorgfältigste Vorgehen bei der Lernbedarfsermittlung kommt an seine Grenzen, wenn nur eine Lernveranstaltung für viele Lernende daraus entstehen soll. *One size fits all* funktioniert hier nicht. Die Lernveranstaltung kann die Lernbedarfe der einzelnen Teilnehmenden einfach nicht zu hundert Prozent treffen. Mit dieser Ungenauigkeit muss man zu einem bestimmten Grad leben und zugleich versuchen, das Lernangebot bestmöglich an die Lernenden anzupassen. Dafür kann man beispielsweise das Angebot auf kleinere Einheiten, sog. Module verteilen, die von den Lernenden je nach Bedarf besucht werden. Es können Angebote auf unterschiedlichem Anspruchsniveau angeboten werden, z.B. Einsteiger- und Fortgeschrittenen-Kurse, Basis-Kurs und themenspezifische Vertiefungsmodule. Oder man kann die Lernveranstaltung binnendifferenzieren, d.h. dass man innerhalb einer Veranstaltung unterschiedlichen Lernenden unterschiedliche Aufgaben gibt und ihnen unterschiedliche Lerninhalte anbietet. Es können Kleingruppen gebildet werden, die unterschiedliche Fragestellungen bearbeiten, je nachdem, welchen Lernbedarf die Lernenden haben.

Letztlich ist der Abgleich von Soll und Ist zwar ein logischer, aber kein trivialer Schritt. Es ist ein Vorgehen, bei dem Interpretation stattfindet sowie Abwägungen und Entscheidungen vorgenommen werden müssen. Die angestrebten Lernergebnisse für eine Lernveranstaltung sollten also in einem begründeten und möglichst nachvollziehbaren Prozess entstehen. Sie können kein Ergebnis eines Automatismus oder eines bestimmten Algorithmus sein.

3.3 Wie formuliere ich aussagekräftige (Lern-)Ziele für kompetenzorientierte Lernveranstaltungen?

Kompetenzlernen ist davon geprägt, dass Lernende aus eigenen Erfahrungen, häufig in der echten Lebens- oder Arbeitssituation lernen. Indem Lernende Arbeitsaufträge bearbeiten und im Nachgang reflektieren, welche Erkenntnisse sie daraus gewonnen, welche Kompetenzen sie entwickelt haben, werden sie zu aktiven Gestalter:innen ihres individuellen Lernprozesses. In einem konstruktivistischen Verständnis ist jeder individuelle Lernprozess einzigartig und verläuft nach seinen ganz eigenen Regeln. Dieser Prozess und sein Ergebnis ist deshalb nicht vorhersehbar und von außen, durch Lehrende, nicht oder nur bedingt zu beeinflussen. Deshalb erscheint es hinfällig, für andere Menschen bestimmte Ziele oder angestrebte Lernergebnisse *vorzugeben* (und noch unsinniger, die einzelnen Schritte des Lernweges vorauszudenken).

Allerdings spielen individuelle Ziele für menschliches Handeln, auch für das Lernhandeln eine entscheidende Rolle. Jeder Lernprozess, auch ein beiläufig stattfindender, nicht von außen organisierter Lernprozess, startet damit, dass der Wunsch entsteht, etwas besser oder anders zu können, zu wissen oder zu beherrschen. Daraus resultieren individuelle Lernwünsche oder auch Lernziele. Sie können aus einer realen Erfahrung entstehen, die Menschen gemacht haben, oder aus einem Problem, das im Alltag immer wieder auftaucht. Sie können jedoch auch aus einem Entwicklungswunsch entstehen, wenn Lernende sich z.B. vornehmen, einen bestimmten Beruf zu ergreifen oder ein bestimmtes Instrument zu spielen. Damit die in einem Seminar oder Lehrgang angestrebten Lernergebnisse für die individuellen Lernprozesse von Menschen handlungsleitend werden, müssen sie von diesen Menschen auch als eigene Ziele übernommen werden. Das heißt, Lernende müssen die beschriebenen, möglichen Lernergebnisse zu ihren eigenen angestrebten Lernergebnissen machen, weil sie sie als wichtig und sinnvoll erachten.

Und daran krankt es oft bei veranstalteten, in starren Lehrplänen ablaufenden Unterrichten und Bildungsgängen. Die angestrebten Lernergebnisse, die laut Curriculum zu einem Bildungsgang gehören, stimmen nicht unbedingt damit überein, was Lernende gerne lernen möchten, oder auch als notwendig erachten. Lernenden gelingt es dann nicht, subjektiven Sinn darin zu finden und ihre individuellen Lernwünsche damit zu verbinden. Die Folge ist, dass Lernende wenig motiviert sind, am Unterrichtsgeschehen teilzunehmen und sich auf den Lernprozess einzulassen, und damit letztlich auch nicht das lernen, was laut Curriculum eigentlich gelernt werden soll. Eine konsequente und starre Ausrichtung des didaktischen Geschehens auf angestrebte Lernergebnisse, die unabhängig von den Lernenden festgelegt wurden – die Situation unseres formalen Bildungssystems – birgt die Gefahr, dass individuelles Lernen nicht ermöglicht und nicht wahrgenommen wird. Lernen wird dann als etwas Fremdes, als ein Zwang wahrgenommen. Es wird dann Stoff gepaukt, um die Prüfung zu bestehen anstatt (auch) persönlichen Lernanliegen nachzugehen, um seine Handlungskompetenzen weiterzuentwickeln.

Aus diesem Spannungsfeld lassen sich zwei Konsequenzen für kompetenzorientierte Lernveranstaltungen in einem konstruktivistischen Lernverständnis ableiten:

Kompetenzorientierte Lernveranstaltungen stellen die Ermöglichung von Kompetenzlernen in den Mittelpunkt. Dies bedeutet, dass Lernende im Rahmen eines Seminars oder einer Unterrichtseinheit Freiraum erhalten sollen, Erfahrungen zu sammeln, sich selbst auszuprobieren und so an ihren individuellen Lernbedarfen zu arbeiten. (Frei-)Raum kann jedoch nur entstehen, wenn es auch eine Rahmung, also gewissermaßen Wände gibt, die diesen Raum entstehen lassen. Im Kontext kompetenzorientierter Lernveranstaltungen verstehen wir angestrebte Lernergebnisse als die Rahmung des *Raums von Lernmöglichkeiten*, den wir im Seminar oder in der Unterrichtssequenz gestalten. Die curricular verankerten angestrebten Lernergebnisse können als ein *Lernermöglichungsangebot* verstanden werden. Sie bieten eine Orientierungshilfe für Lehrende und Lernende, die in einer Gruppenveranstaltung gemeinsam arbeiten und lernen wollen.

Kompetenzorientierte Lernveranstaltungen werden in dem Bewusstsein gestaltet und durchgeführt, dass die angestrebten Lernergebnisse/Kompetenzen und die tatsächlichen Lernergebnisse bzw. die tatsächlich erworbenen Kompetenzen unter Umständen sehr weit auseinanderfallen können und auch dürfen. Lernerträge, d.h., die tatsächlichen Lernergebnisse entstehen höchst individuell im Lernprozess der/des Einzelnen. Verschiedene Lernende machen bei derselben Lernaufgabe unterschiedlichste individuelle Erfahrungen, basierend auf den jeweiligen Vorerfahrungen, Interessen und Zielen. Wenn man diese Lernerträge wertschätzen und sichtbar machen möchte, stößt eine Prüfung, die sich ausschließlich auf die offiziell beschriebenen angestrebten Lernergebnisse fokussiert, natürlich an ihre Grenzen. Die subjektiven Lernerträge können aber über eine offene Reflexion der individuellen Lernaktivitäten und Lernerfahrungen bewusst und sichtbar gemacht werden im Sinne einer Kompetenzfeststellung. Im Fall von kompetenzorientierten Lernveranstaltungen macht es daher – statt einer Prüfung – mehr Sinn, Lernerträge individuell auszuwerten, um sie dann in einem zweiten Schritt mit den gestellten (beruflichen) Handlungsanforderungen abzugleichen. Dieser Abgleich gelingt z.B., indem die Lernenden das in der Lernveranstaltung Gelernte in der Praxis anwenden und kritisch reflektieren, ob sie die Anforderungen der Praxis bewältigen. Ein weiterer Vorteil eines solchen Vorgehens ist, dass die Lernenden so auch das erkennen, was sie über die beschriebenen, angestrebten Lernergebnisse hinaus alles gelernt haben – was oft erstaunlich viel ist und Lernende häufig (positiv) überrascht.

EXKURS
Warum sprechen wir von angestrebten Lernergebnissen und nicht von Lernzielen?

Eigentlich könnte man die angestrebten Lernergebnisse auch als Lernziele bezeichnen, wenn man Lernziele versteht als die in einem Lernprozess angestrebten Kompetenzen. Der Begriff Lernziele ist in der Pädagogik auch sehr verbreitet und gängig. Allerdings ist der Lernziel-Begriff geprägt worden in der didaktischen Tradition der 1970er Jahre, insbesondere durch die curriculare oder lernzielorientierte Didaktik.[13] Das damalige didaktische Verständnis ging von einer genauen Steuerbarkeit des Lernprozesses durch möglichst klare und genaue Lernziel-Vorgaben aus. Es herrschte die Vorstellung, dass Lehrende den Unterricht so exakt planen und durchführen können, dass genau die vorher festgelegten Lernziele erreicht werden. Man dachte: Wenn die Prozesse nur nach allen Regeln der Kunst optimal geplant sind, dann muss – wie bei einer exakt programmierten und gut geölten Maschine – auch der Lernprozess genauso laufen, wie man das möchte. Die Aufgabe, Lernziele festzulegen, sie in eine ideale Ordnung zu bringen und ganz passgenaue Methoden einzusetzen, lag dabei ausschließlich im Verantwortungsbereich der Lehrenden und ließ die Lernenden mit ihren Lernanliegen und Lernbedarfen außen vor.

Mit Lernzielen waren in diesem Verständnis auch nicht Handlungskompetenzen gemeint, sondern man nahm viel kleinere Einheiten in den Blick, z.B. einzelne kognitive Leistungen, wie sie in der Lernzieltaxonomie von Bloom ausdifferenziert sind. Die zum Unterricht gehörenden Prüfungen waren ebenfalls ausschließlich auf die möglichst exakte Erfassung der Lernziele ausgerichtet. Um dies zu realisieren, konzentrierte man sich tendenziell auf leicht erfassbare Lernziele, wie z.B. reproduzierbares Wissen

[13] Möller, 1995: S. 63-77

oder überschaubare, nur eine Lösung zulassende Anwendungsaufgaben. Handlungskompetenz, als Fähigkeit in komplexen, unvorhersehbaren Situationen selbständig angemessen handeln zu können, wurden erst viele Jahre später zu einer Leitkategorie der Pädagogik.

Um uns von dem gerade skizzierten Verständnis von Lernzielen abzugrenzen und dies auch begrifflich deutlich zu machen, verwenden wir statt *Lernziele* den Begriff *angestrebte Lernergebnisse*. Dieser Begriff knüpft auch an die schon längerdauernde Entwicklung in der Pädagogik an, das didaktische Handeln nicht mehr an Input-Faktoren (Dauer des Unterrichts, vorgegebene Inhalte des Unterrichts, vorgegebene Methoden) zu orientieren, sondern daran, welche Lernergebnisse am Ende stehen (sollen). Diese Entwicklung wird auch als *Lernergebnis-Orientierung,* oder als *Outcome-Orientierung* bezeichnet.[14]

Wissenswertes zur Lernziel-Diskussion

Wie gerade beschrieben, verwendete die lernzielorientierte Didaktik viel Aufwand darauf, Lernziele exakt zu beschreiben und auch zu systematisieren. Einiges davon findet sich auch weiterhin in der (beruflichen) Bildung und soll daher der Vollständigkeit halber dargestellt werden:

Unterscheidung von Lernzielen nach dem Abstraktionsgrad
Lernziele können auf unterschiedlichen Abstraktionsebenen beschrieben werden. Mit zunehmender Konkretheit und Eindeutigkeit kann man Ziele in Richt-, Grob- und Feinziele unterscheiden.

Richtziele sind sehr abstrakt beschrieben und geben noch keine eindeutige inhaltliche Klarheit. Als Richtziel des Fortbildungsberufs „Geprüfter Berufspädagoge/Geprüfte Berufspädagogin“ steht z.B. in der Prüfungsordnung: „Qualifikationen, um in Einrichtungen der betrieblichen und außerbetrieblichen Bildung die Organisation und Planung beruflicher Bildungsprozesse, die Begleitung der Lernenden und ihres Lernprozesses, das

Bildungsmarketing, Controlling, Qualitätsmanagement und Führungsfunktionen eigenständig und verantwortlich wahrnehmen zu können."

Grobziele geben schon genauer an, was in einem Teil/Modul/Seminar eines Bildungsgangs erreicht werden soll. Sie bestimmen die Inhalte und auch die Handlungen genauer. Beispielsweise könnte ein Seminar im Rahmen der Fortbildung zur/zum Geprüften Aus- und Weiterbildungspädagoge:in das Ziel verfolgen „die Lernenden zu befähigen betriebliche Weiterbildungsangebote ausgehend von einer betrieblichen Bildungsbedarfsermittlung didaktisch-methodisch zu konzipieren, zu planen, durchzuführen und mit Hilfe geeigneter Instrumente zu evaluieren".

Feinziele beziehen sich auf die einzelnen Einheiten oder Schritte im Verlauf eines Seminars oder einer Unterrichtseinheit. Anhand dieser recht konkret beschriebenen Ziele planen Lehrende den Ablauf und die konkrete didaktische Gestaltung ihres Bildungsangebots. Die Feinlernziele sollten sich in einem Seminarablaufplan in einer eigenen Spalte wiederfinden. Ein Beispiel für ein kompetenzorientiert formuliertes Feinziel ist: „Die Lernenden sind in der Lage, passende Seminarmethoden für einen online-Kurs auszuwählen."

Es lässt sich nicht immer eindeutig bestimmen, ob es sich bei einem Lernziel um ein Richt-, Grob- oder Feinziel handelt. Das ergibt sich vielfach nur aus dem Kontext. Letztlich kommt es auch nicht auf eine genaue Einteilung an als vielmehr darauf, Lernziele für alle Beteiligten klar und verständlich zu formulieren.

Unterscheidung von Lernzielen nach ihrem Anforderungsgrad

In der Pädagogik gab es verschiedene Versuche, Lernziele nach Schwierigkeits- oder Anforderungsgrad zu ordnen, um Lehrenden eine Orientierung für die Gestaltung ihrer Bildungsangebote zu geben. Ihre Anwendbarkeit auf die Formulierung von Handlungskompetenzen als angestrebte Lernergebnisse bewährt sich in der Praxis jedoch nur eingeschränkt.

[14] Krichewsky, 2012: S. 38 ff.

Der Vollständigkeit halber ist hier die im formalen Bildungssystem meistverbreitete Ordnung (Taxonomie) kognitiver Lernziele nach Bloom (1956) (hier in der Überarbeitung von Anderson und Krathwohl, 2001) aufgeführt. Kognitive Lernziele beschreiben eine kognitive Aktivität, d.h. eine Denk-Aktivität.

Die Anforderungen der Aktivitäten bzw. der Lernziele auf den einzelnen Stufen nehmen von unten nach oben zu. Die kognitiven Fähigkeiten der unteren Stufen sind in den darüber liegenden Stufen jeweils enthalten.

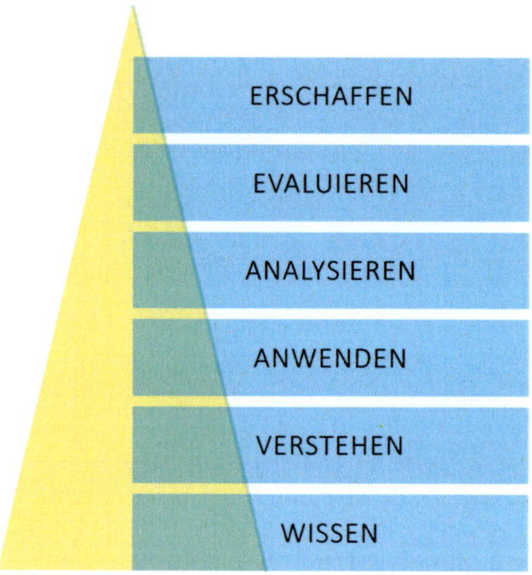

Abb. 5: Kognitive Lernzieltaxonomie nach Bloom (1956) und Anderson/Krathwohl (2001)

Was sagen die einzelnen Stufen jeweils aus?

STUFE	BESCHREIBUNG DER TAXONOMIESTUFE
ERSCHAFFEN	Lernende können aus mehreren Elementen eine neue Struktur aufbauen oder eine neue Bedeutung erschaffen; sie können neue Lösungswege vorschlagen, neue Schemata entwerfen oder begründete Hypothesen entwerfen.
EVALUIEREN	Lernende können evidenzbasierte, qualitative und quantitative Urteile zu Sachverhalten anhand von Kriterien anstellen.
ANALYSIEREN	Lernende können ein Problem in einzelne Teile zerlegen und so die Struktur des Problems verstehen; sie können Widersprüche aufdecken, Zusammenhänge erkennen und Folgerungen ableiten und zwischen Fakten und Interpretationen unterscheiden.
ANWENDEN	Lernende können ein neues Problem durch Transfer des Wissens lösen.
VERSTEHEN	Lernende können Sachverhalte erklären, Beispiele anführen, Aufgabenstellungen interpretieren oder ein Problem in eigenen Worten wiedergeben.
WISSEN	Lernende können Informationen wiedergeben. Sie kennen konkrete Termini, Definitionen, Fakten, Daten, Regeln, Verfahren, Merkmale, Kriterien etc.

Abb. 6: Kognitive Lernzieltaxonomie nach Bloom (1956) und Anderson/Krathwohl (2001), ausführlich

Bei der Betrachtung der Formulierungen wird deutlich: Diese Ordnung bezieht sich nur auf kognitive Aktivitäten. Wenn in Lernveranstaltungen Handlungskompetenzen gefördert werden sollen, dann brauchen Lernende neben den kognitiven Fähigkeiten auch andere, z.B. motorische oder sprachliche Fertigkeiten oder Fähigkeiten, die mit dieser Taxonomie nicht erfasst werden. Ebenso wenig werden Werte und Haltungen wie auch der Umgang mit offenen, komplexen Situationen als wesentliche Elemente einer Kompetenz berücksichtigt. Dies macht die Grenzen der aufgeführten Lernzieltaxonomien sehr deutlich.

Bei der Formulierung von Handlungskompetenzen als angestrebte Lernergebnisse sollte man sich also von dieser strengen Systematisierung frei machen und sich eher auf das konzentrieren, was Lernende am Ende des Lernprozesses zu tun in der Lage sein sollen.

Angestrebte Lernergebnisse

Wozu dienen angestrebte Lernergebnisse?
Sich über die angestrebten Lernergebnisse einer Lernveranstaltung im Klaren zu sein ist wichtig, um den Lehr-Lernprozess bewusst gestalten zu können und geeignete Lernmöglichkeiten zu schaffen. Nur wenn klar ist, welche beruflichen Anforderungen gestellt und welche Kompetenzen dafür gebraucht werden, können geeignete Lernumgebungen bzw. Lernarrangements gestaltet werden.

Angestrebte Lernergebnisse sind damit für Trainer:innen und Lehrende der Ausgangspunkt der Planungsschritte zur Vorbereitung. Gleichzeitig geben sie den Lernenden eine Orientierung für ihren Lernprozess und helfen ihnen, den eigenen Lernfortschritt einschätzen zu können.

Wie sind angestrebte Lernergebnisse formuliert?
Damit die angestrebten Lernergebnisse die oben genannten Zwecke erfüllen, sollten sie aussagekräftig und für alle am Lernprozess Beteiligten verständlich formuliert sein. In der lernzielorientierten Didaktik (siehe Exkurs in diesem Kapitel) entstanden viele Hinweise und auch Vorgaben, wie Lernziele formuliert sein sollten. Einige dieser Hinweise können auch zur Formulierung von angestrebten Lernergebnissen übernommen werden. Andere passen jedoch nicht 1:1 in die Gestaltung einer kompetenzorientierten Lernveranstaltung.

Für die Formulierung von angestrebten Lernergebnissen sollte man sich vor Augen führen, dass es sich bei diesen wünschenswerten Ergebnissen um Handlungskompetenzen handelt, die all das beinhalten, was Menschen zum realen kompetenten Handeln in einer komplexen Anforderungssituation oder Arbeitsaufgabe benötigen.

Systematik zur Formulierung von angestrebten Lernergebnissen

Deshalb bietet sich folgende Systematik zur Formulierung an

Die angestrebten Kompetenzen sollten in ganzen Sätzen mit folgenden Bestandteilen formuliert sein:

- Inhaltskomponente
- Handlungskomponente
- Situationskomponente

In der folgenden Beschreibung eines angestrebten Lernergebnisses finden sich die drei Komponenten wieder:
„Die Lernenden sind in der Lage, für einen online-Kurs passende Methoden für angestrebte Lernergebnisse auszuwählen."

Die Inhaltskomponente gibt Auskunft über das Thema/den Inhalt/den Gegenstand, mit dem Lernende kompetent handeln können. Die Inhaltskomponente wird also durch ein Substantiv angezeigt. *Methoden für angestrebte Lernergebnisse* ist im obigen Beispiel die Inhaltskomponente.

Die Handlungskomponente gibt an, was ein/e Lernende:r mit dem Inhalt/dem Gegenstand tun können soll. Deshalb wird die Handlungskomponente in einem Verb zum Ausdruck gebracht. Dieses Verb sollte so gewählt sein, dass eine aktive Handlung zum Ausdruck gebracht wird und diese Handlung von außen erkennbar ist. Hierzu ein Beispiel: „Die Lernenden kennen für einen online-Kurs passende Methoden für angestrebte Lernergebnisse." Das hier verwendete Verb *kennen* ist nicht von außen zu beobachten. Damit kann eine außenstehende Person (z.B. in einer Prüfung) auch nicht einschätzen, ob die Lernenden das angestrebte Lernergebnis tatsächlich erreicht haben. Die Formulierung: „Die Lernenden sind in der Lage, für einen online-Kurs passende Methoden für angestrebte Lernergebnisse begründet auszuwählen" ist jedoch von außen beobachtbar. Sich über das Verb ernsthafte Gedanken zu machen, ist kein pädagogischer *Spleen*, sondern hilfreich, um darauf aufbauend passende Lernaufgaben zu finden. Denn es werden jeweils unterschiedliche Fähigkeiten angesprochen, wenn ich Methoden nennen, beschreiben, sie in einem Seminar durchführen, oder passende Seminarmethoden auswählen und meine Auswahl begründen kann. Es wird außerdem empfohlen, pro Satz ein Verb zu nutzen und keine Aneinanderreihung von Verben zu konstruieren, denn damit werden in einem Satz mehrere angestrebte Lernergebnisse beschrieben. Wenn man mehrere Lernergebnisse anstrebt, dann empfiehlt es sich, auch mehrere Sätze zu formulieren.

Die Situationskomponente gibt an, in welchen Situationen bzw. in welchem Kontext Lernende die Handlung durchführen können sollen. Im obigen Beispiel stellt *...für einen online-Kurs* die Situationskomponente dar. Häufig wird die Situationskomponente bei der Formulierung von angestrebten Lernergebnissen weggelassen. In diesem Fall wird zum Ausdruck gebracht, dass die Lernenden die Handlung in allen möglichen Kontexten durchführen können. Wenn man diesen Verallgemeinerungs-Anspruch nicht hat, lohnt es sich, auch die Situationskomponente explizit zu nennen. Außerdem kann die Situationskomponente auch die besondere Schwierigkeit oder ein Alleinstellungsmerkmal darstellen.

Die Sätze sind bewusst eingeleitet mit *„sind in der Lage"*, oder *„können"*. Angestrebte Ergebnisse werden wie tatsächliche Ergebnisse formuliert. Es wird also nicht gesagt, „sie sollen in der Lage sein", sondern das angestrebte Ergebnis wird so formuliert, als ob es schon eingetreten wäre.

3.4 Wie kann ich passende Inhalte für die angestrebten Lernergebnisse auswählen?

Ein eigener Planungsschritt für die Vorbereitung von Lernveranstaltungen ist die Auswahl der passenden Inhalte, die wichtig sind, damit Lernende die angestrebten Kompetenzen tatsächlich entwickeln können. Eigentlich könnte man annehmen, dass die Inhalte schon in den angestrebten Lernergebnissen enthalten sind. Sie stellen ja schließlich die Inhaltskomponente dar. Über diese Inhalte müssen sich Lehrende aber dennoch detailliert Gedanken machen. Es geht hier z.B. um die Frage, welche theoretischen Aussagen die Lernenden zu einem Themenbereich kennen sollen oder müssen, welche Hintergrundinformationen sie zu einem bestimmten Phänomen haben sollten. Diese Auswahlentscheidung soll an einem Beispiel verdeutlicht werden: Welche Inhalte sind relevant für das angestrebte Lernergebnis: Die Teilnehmer:innen sind in der Lage, Mitarbeitergespräche wertschätzend zu führen? Mit anderen Worten, was sollten die Lernenden alles über Mitarbeitergespräche wissen, um diese Aufgabe kompetent durchführen zu können?

Hierfür kämen beispielsweise folgende inhaltlichen Aspekte in Betracht: Der Aufbau und Ablauf eines Mitarbeitergesprächs; die Haltung, in der ein solches Gespräch geführt wird; Sinn und Zweck von Mitarbeitergesprächen; der Ablauf eines Mitarbeitergesprächs; Gesprächstechniken und ihre Wirkung; Feedback und Feedbackregeln; Theorien und wissenschaftliche Erkenntnisse zur Gesprächsführung; Kennzeichen menschlicher Kommunikation; individuelle Gesprächsmuster; gendertypische Gesprächsmuster usw.

Zur Planung und Vorbereitung einer Lernveranstaltung muss eine Auswahl aus dieser potenziellen Vielfalt getroffen werden. Folgende Leitfragen können diese Auswahl anleiten.

Welche Inhalte sind für die angestrebten Lernergebnisse der Lernveranstaltung relevant?
Dabei spielt z.B. eine Rolle, welchen Anspruch die Lernveranstaltung insgesamt hat. Ist es eine Einführungsveranstaltung für interessierte Laien, oder handelt es sich um eine wissenschaftliche Fortbildung für Expert:innen? Davon hängt der Grad der wissenschaftlichen Fundierung der Inhalte ab.

In formalen Lernveranstaltungen, d.h. Lernveranstaltungen, die auf einen im formalen Qualifizierungssystem anerkannten Abschluss vorbereiten, existieren in der Regel inhaltliche Vorgaben, die sich im Unterricht wiederfinden müssen.

Welche Inhalte sind für die Praxis der Lernenden vor allem relevant?

Das Kriterium der Praxisrelevanz ist für die berufliche Bildung von besonderer Bedeutung. Deshalb sollte bei der Auswahl der Lerninhalte, also des *Stoffs*, gelten, dass vor allem bewährte und in der Praxis gängige Theorien, Methoden oder Techniken Gegenstand der Lernveranstaltung sein sollten. Dabei kann es natürlich vorkommen, dass sich die gängige Praxis regional oder von Unternehmen zu Unternehmen durchaus unterscheiden kann, so dass man wiederum vor der Entscheidung steht, welche gängige Praxis man nun inhaltlich in der Lernveranstaltung abbilden will.

Auskunft über die Praxisrelevanz von bestimmten Inhalten gibt eine systematische Analyse der beruflichen Tätigkeit, d.h. eine Tätigkeits- und Anforderungsanalyse, wie sie schon zur Identifikation des Bildungsbedarfs beschrieben wurde.

Welche Inhalte spiegeln den aktuellen Erkenntnisstand des Stoffgebiets oder der beruflichen Domäne wider?

Idealerweise sollte dieses Kriterium mit dem Kriterium der Praxisrelevanz übereinstimmen. In (beruflichen) Handlungsbereichen, in denen die Praxis jedoch eine veraltete ist, müssen neue Impulse von anderer Seite kommen. Das heißt, dass Lerninhalte nach Aktualität ausgewählt werden sollten. Gleichzeitig sollte man als Lehrende:r auch erkennen können, ob neueste Trends tatsächliche Innovationen beinhalten, oder nur bewährte Zusammenhänge in moderne *Buzzwords* kleiden. In letztgenanntem Fall sollte der Verweis auf die bewährte Ursprungsquelle oder zumindest die gleichlautenden Aussagen des Neuen und Alten nicht fehlen.

Für die Auswahl und die Aufbereitung von Inhalten kann grundsätzlich das Motto gelten: *Weniger ist manchmal mehr.* Vor allem gilt das für die Inhalte, die im Rahmen der Präsenzveranstaltung vorgestellt oder zur Verfügung gestellt werden. Die hier verwendeten Informationsquellen sollten sich – angesichts der begrenzten Zeit einer Präsenzveranstaltung –

sehr klar auf das Wesentliche konzentrieren und dürfen daher auch sehr knapp sein. Für ausführlichere Hintergrundinformationen kann auf begleitende Unterlagen für die Teilnehmenden, Lehrbücher oder ergänzende (wissenschaftliche) Veröffentlichungen verwiesen werden.

3.5 Welche Aufgaben wähle ich aus?

Das Kernelement, das aus einem Unterricht eine kompetenzorientierte Lernveranstaltung macht, ist die komplexe Arbeitsaufgabe oder die Handlungssituation, in der die Lernenden schon in der Lernveranstaltung handelnd lernen können. Diese Arbeitsaufgabe steht als reale Arbeitsaufgabe wie beschrieben am Beginn der Planung einer kompetenzorientierten Lernveranstaltung.

Mit anderen Worten muss eine Aufgabe formuliert werden, die all die Kompetenzen fordert, die die Lernenden in der Lernveranstaltung entwickeln sollen, und es müssen vorbereitende Aufgaben (Erkundungsaufgaben) oder andere Lerneinheiten arrangiert werden, die die Lernenden dabei unterstützen, die komplexe Aufgabe möglichst selbständig zu bearbeiten. Da Seminare und Unterricht in der Regel in einer Gruppe mit mehreren Lernenden stattfinden, gibt es dabei viele Variationsmöglichkeiten.

Diese werden anhand der folgenden Beispiele illustriert. Die Beispiele sind so aufgebaut, dass sie die zu entwickelnden Kompetenzen, die komplexe Handlungssituation bzw. Aufgabe und mögliche vorbereitende Aufgaben benennen.

BEISPIEL 1

Handlungsorientierte Lernsequenz in einer Train-the-Trainer-Qualifizierung

Kompetenz:

Die Lernenden sind in der Lage, Präsentationen professionell vorzubereiten und durchzuführen.

Komplexe Aufgabe:

„Haltet heute Nachmittag in Gruppen von max. 3 Teilnehmenden eine ca. 10 bis 15-minütige Präsentation zu einem bestimmten Aspekt professionellen Präsentierens für die anderen Teilnehmer:innen des Seminars. Gestaltet die Präsentation so, dass alle in der Gruppe aktiv beteiligt sind. Wählt das Thema eurer Präsentation aus den fünf vorgegebenen Themen aus."

Vorbereitende Aufgaben:

- In den Teilnehmer-Unterlagen bzw. auf dem Büchertisch (speziell zum Thema Visualisierung) findet ihr Material zu den Themen. Sichtet zuerst das Material und sammelt Informationen.
- Wählt die für euch wichtigsten Inhalte aus (Achtung Zeit!) und legt eure Kernbotschaften fest. Strukturiert den Inhalt.
- Überlegt, wie ihr die Zielgruppe eurer Präsentation bestmöglich adressieren könnt und ob ihr sie aktiv einbinden wollt.
- Gestaltet eine angemessene und ansprechende Visualisierung mit mindestens zwei verschiedenen Medien.

BEISPIEL 2

Überbetriebliches Seminarangebot für Auszubildende zur Qualifizierung von Umweltcoaches (4-tägiges Seminar; 4 mal 1 Tag; mit je 2 Wochen Praxisphase dazwischen)

Kompetenz:

Die Lernenden sind in der Lage, Energieeinsparpotenziale in Unternehmen zu identifizieren und Verantwortliche zu Fragen der Energieeffizienz zu beraten.

Komplexe Aufgabe:

„Identifiziert in eurem Ausbildungsbetrieb Energie-Einsparpotenziale und führt ein Beratungsgespräch mit eurer Geschäftsleitung über Möglichkeiten zur Erhöhung der Energieeffizienz."

Beispiele für vorbereitende Aufgaben:

Erster Seminartag: „Bildet Gruppen von Teilnehmer:innen, die aus ähnlichen Betrieben (gleiche Branche, ähnliches Angebotsspektrum) kommen. Sammelt in euren Gruppen, wofür in euren Betrieben Energie gebraucht wird und stellt dies in einer Liste zusammen." „Recherchiert mit Hilfe des Internets und eurer Teilnehmer-Unterlagen den durchschnittlichen Energieverbrauch dieser Geräte bzw. Anlagen. Findet heraus, welche Möglichkeiten es gibt, den Energieverbrauch möglichst gering zu halten."

Erste Praxisphase: Recherchiert in eurem Betrieb bis zum nächsten Seminar Folgendes:

- Bei welcher Stelle erhaltet ihr Informationen über den Energieverbrauch eures Betriebs?
- Wie hoch waren der Energieverbrauch und die Ausgaben für Energie in eurem Betrieb in den letzten Jahren?
- Welche Auffälligkeiten gibt es im Energieverbrauch? Wofür wurde wieviel (in %) der Energie verbraucht? Was ist der größte Energieverbraucher in eurem Betrieb?

Praxisphase vor dem letzten Seminar: Bereitet eine Präsentation eurer Rechercheergebnisse und eurer Empfehlungen für eure Geschäftsleitung vor. Visualisiert die Präsentation mit Hilfe geeigneter Medien. Die Präsentation könnt ihr beim letzten Seminar für die anderen Teilnehmer:innen halten und ein Feedback dazu bekommen. Überlegt euch für die Präsentation insbesondere:

- Was ist eure Kernbotschaft?
- Woran hat die Geschäftsleitung wohl ein besonderes Interesse?
- Wie könnt ihr eure Ergebnisse und Erkenntnisse „auf einen Blick" gut aufbereiten?

Für die vorbereitenden Aufgaben kommen unterschiedliche Formen in Frage:

Selbstreflexionsaufgaben

Zur Vorbereitung auf eine neue komplexe Aufgabe ist es grundsätzlich sinnvoll, an den Vorerfahrungen und dem vorhandenen Wissen der Lernenden anzuknüpfen. Deshalb werden Lernende häufig gebeten, ihr Vorwissen oder ihre *Laien-Vorstellung* zur Bearbeitung der gestellten Aufgabe zusammenzutragen. In der Gesamtgruppe oder in Teilgruppen können dabei durchaus weitreichende und tragfähige Lösungsansätze entstehen. Die Aufnahme der Vorerfahrungen der Lernenden ist auch deshalb sinnvoll, weil das weitere Vorgehen, d.h. die folgenden vorbereitenden Aufgaben, auf das Vorhandene abgestimmt werden können.

Rechercheaufgaben

Rechercheaufgaben zielen darauf ab, dass Lernende sich selbst Informationen zu einem Themengebiet erarbeiten. Auch diese Aufgaben können methodisch sehr variantenreich arrangiert werden. Z.B. werden die Lernenden mit der Methode *Gruppenpuzzle*[15] gebeten, sich zuerst in Expertengruppen mit bestimmten Informationen zu beschäftigen, um anschließend in anders zusammengesetzten Verarbeitungsgruppen die Informationen anhand bestimmter Leitfragen auszuwerten. Die Ergebnisse können medial ganz unterschiedlich aufbereitet werden (vgl. 3.6). Auch die Rechercheaufträge können für einzelne Teilgruppen unterschiedliche Schwerpunkte haben. Häufig werden unterschiedliche ‚Rechercheaufträge für einzelne Teilgruppen in Form von Präsentationen wieder in das Plenum gebracht. Auch beim Präsentieren und Visualisieren von recherchierten Informationen gibt es eine recht große Variationsbreite.

Planungsaufgaben

Zur Bearbeitung jeder komplexen Aufgabe gehört die (gedankliche) Planung. Bei neuen, herausfordernden Aufgaben ist sie ein wichtiger und häufig auch zeitaufwändiger Vorbereitungsschritt, bei Routineaufgaben wird zwar auch vorausgedacht und damit geplant, aber diese Vorgänge laufen zum Teil unbewusst und schnell ab. Um Lernende aufmerksam zu machen auf alle Aspekte, die für die Aufgabenbearbeitung notwendig sind, bieten sich vorbereitende Aufgaben an, in denen sie ihr geplantes Vorgehen bewusst und explizit beschreiben sollen. In Gruppen-Lernveranstaltungen eignen sich hierfür ebenfalls

Teilgruppen, die die gleiche Aufgabe planen. Über einen Vergleich der Gruppenergebnisse werden die Lernenden auf zusätzliche Aspekte aufmerksam, die in den eigenen Überlegungen vielleicht fehlten. Planungsaufgaben können sehr offen gestellt werden oder methodisch enger angeleitet sein. Z.B. könnten in Form einer Strukturlegetechnik[16] bestimmte Bearbeitungsschritte schon vorgegeben sein und von den Lernenden in eine für sie sinnvolle Abfolge gebracht und um weitere Schritte ergänzt werden.

Übungsaufgaben

Zur Vorbereitung der tatsächlichen Aufgabenbearbeitung können bzw. müssen einige Teilschritte auch geübt werden. Im oben beschriebenen Beispiel 2 wird z.B. die Präsentation vor der Geschäftsleitung einmal im Seminar geübt. Die Handhabung von Maschinen oder technischen Anlagen braucht Fertigkeiten, die ebenfalls geübt werden müssen, um eine komplexe Arbeitsaufgabe kompetent ausführen zu können. Bei Übungsaufgaben sollte möglichst jede/r Lernende einzeln die Möglichkeit erhalten, sich individuell auszuprobieren, um zu merken, wo sie oder er schon sicher ist, und welche Aspekte noch weiter geübt und gefestigt werden sollten. Bei Übungsaufgaben treten wahrscheinlich die größten zeitlichen Unterschiede zwischen Lernenden auf. Diese gut in einen Gruppenlernprozess zu integrieren, ist daher für Lehrende oft herausfordernd. Lösungsansätze können sein, dass sich Lernende beim Üben gegenseitig unterstützen, indem sie heterogene Paare bilden, oder dass Lernende mit schnellem Lerntempo zusätzliche Aufgaben bearbeiten – ein Teil der Gruppe übt noch, ein anderer Teil bereitet eine Zusammenfassung der wichtigsten Merkpunkte für die Übungsaufgabe als Mittel zur Lernertragssicherung vor.

Eine weiterführende Zusammenstellung und Beschreibung von Methoden, die sich für kompetenzorientierte Lernveranstaltungen eignen, findet sich in einem als Ergänzung zu diesem Essential veröffentlichten Werkzeugkoffer Aus- und Weiterbildungspädagogik.[17]

[15] Vgl. Glossar unter www.gab-muenchen.de. Eine ausführliche Beschreibung sowie weitere Methoden finden Sie in dem, diesen Band ergänzenden, Werkzeugkoffer Aus- und Weiterbildungspädagoge:in erhältlich unter www.gab-muenchen.de.

[16] Vgl. Glossar unter www.gab-muenchen.de . Eine ausführliche Beschreibung sowie weitere Methoden finden Sie in dem, diesen Band ergänzenden, Werkzeugkoffer Aus- und Weiterbildungspädagoge:in erhältlich unter www.gab-muenchen.de.

[17] Ergänzend zu diesem Essential erhalten Sie unter www.gab-muenchen.de den ‚Werkzeugkoffer für Aus- und Weiterbildungspädagoge:innen – Lernen statt Lehren' mit einer Zusammenstellung.

3.6 Wie bestimme ich das methodische Vorgehen?

Wie formuliere ich konkrete Arbeitsaufträge?

Die komplexe Handlungssituation sowie die vorbereitenden Aufgaben zu finden ist eine Sache, sie ganz konkret zu formulieren ist eine andere. Über die konkrete Ausformulierung können Aufgaben nämlich sehr unterschiedlich gestaltet werden und damit im Anspruchsniveau deutlich variieren. Je nachdem, wie offen oder detailliert eine Aufgabe vorgegeben ist, müssen Lernende selbst entscheiden, wie sie vorgehen, oder wie sie die Aufgabe für sich bearbeiten, oder sie erhalten Anregungen oder Vorgaben zur Bearbeitung. Die Detailliertheit und damit die Hilfestellungen, die Lernende durch den Aufgabenzuschnitt erhalten, sollten auf die Lernenden und natürlich auf die angestrebten Lernergebnisse abgestimmt sein.

Konkrete Beispiele, wie die Arbeitsaufträge formuliert werden können, finden sich im vorangehenden Abschnitt. Grundsätzlich sollte Folgendes beachtet werden:

- Im Arbeitsauftrag sollte deutlich werden, was das Ergebnis des Auftrags sein soll und wie ggf. mit den Ergebnissen weitergearbeitet wird. Sollen die Lernenden z.B. für sich selbst bestimmte Unterlagen durcharbeiten, oder sollen sie sie anschließend mit einer Teilgruppe diskutieren, oder im Plenum Ergebnisse vorstellen und diese visualisieren?
- Arbeitsaufträge werden grundsätzlich in Aufforderungsform, nicht in Frageform formuliert.
- Arbeitsaufträge sollten selbsterklärend sein. Sie sollten also eindeutig verständlich sein und alles Notwendige beinhalten. Wenn in einem Arbeitsauftrag zu bestimmten Aspekten keine Angaben gemacht werden (z.B. mit Hilfe welchen Mediums präsentiert werden soll), steht es den Lernenden bewusst frei, das selbst zu entscheiden. Um die Verständlichkeit von Arbeitsaufträgen zu prüfen, können sie im Vorfeld Außenstehenden zum Gegenlesen vorgelegt werden.
- Bei der Übergabe von Arbeitsaufträgen sollten mündlich möglichst keine Informationen gegeben werden, die deutlich über den schriftlichen Arbeitsauftrag hinausgehen oder diesen relativieren. Ersteres würde den Arbeitsauftrag verändern, zweiteres verwirrt die Lernenden wahrscheinlich.

- Die Arbeitsaufträge sollten visualisiert werden (auf Flipchart oder Arbeitsblatt).
- Arbeitsaufträge sollen Interesse an der Bearbeitung wecken, d.h. einladend und ansprechend formuliert sein.

Welche Methoden wähle ich für kompetenzorientiertes Lernen?

Gemessen daran, dass es in der Berufspädagogik noch Ende der 1970er Jahre eigentlich nur die drei klassischen Methoden Vortrag, Unterweisung und Lehrgespräch gab, ist die diesbezügliche Entwicklung in den letzten Jahrzehnten geradezu atemberaubend. Und gleichzeitig besteht die Gefahr, dass Lehrende sich von dieser unübersichtlichen Vielfalt abschrecken lassen und sich dann doch lieber auf Altvertrautes zurückziehen. Das wäre schade, denn die bemerkenswerte Innovationsfreude des Berufsbildungssektors in den letzten Jahrzehnten war zum großen Teil eine Innovation der Methoden. Es ist heute nicht mehr möglich, ‚die' berufspädagogischen Methoden darzustellen. Dazu ist das Feld zum einen zu stark gewachsen, zum anderen aber auch zu offen und beweglich.

Das Feld der Berufspädagogik lässt sich methodisch schon lange nicht mehr abgrenzen, denn ständig werden neue Wege ausprobiert und wird Neues übernommen aus der Allgemeinbildung, aus der Erwachsenenbildung, aber auch Ansätze aus Coaching oder Therapie finden Einzug in die Gestaltung von Lernveranstaltungen. Auch die Methoden selbst haben längst ihre Trennschärfe verloren, sondern befruchten sich gegenseitig. Die folgenden Hinweise sollen als eine Art Kompass dienen. Sie sollen Orientierung geben, worauf zu achten ist, wenn man hilfreiche, abwechslungsreiche und zu den angestrebten Lernergebnissen passende Methoden einsetzen und vielleicht sogar weiterentwickeln will.

Es liegen hunderterlei Varianten und Unterarten von Methoden vor, die sich oft sogar nur durch den Namen unterscheiden. Die muss man als Aus- und Weiterbildungspädagoge:in nicht alle kennen. Wichtig ist, so viel von ihnen zu wissen und idealerweise ein lebendiges Bild vom Ablauf einer Methode zu haben, so dass man die dargestellten Methoden selbständig variieren und modifizieren kann. Dieses Experimentieren mit Methoden oder Methodenbestandteilen kann ein sehr motivierender Ansporn bei der Planung und Vorbereitung, aber natürlich auch bei der Durchführung von Lernveranstaltungen sein.

Bei der Auswahl und Gestaltung von Methoden gibt es oft kein absolutes Richtig oder Falsch, aber Methoden können mehr oder weniger passend bzw. mehr oder weniger wirksam sein. Als Lehrende:r in der beruflichen Bildung sollte man mutig und offen sein, auf dem methodischen Gebiet immer wieder etwas Neues, immer wieder etwas Anderes auszuprobieren. Denn nur so lernt man schließlich, Methoden für sich und die Lernenden passend auszuwählen, zu variieren oder Schwerpunkte zu setzen.

Um für das Experimentieren aber eine gewisse Orientierung zu bekommen, können folgende Gestaltungsentscheidungen die Methodenauswahl anleiten:

Was möchte ich in einer Seminar- oder Unterrichtssequenz erreichen? Inwieweit fördern die Methoden die angestrebten Lernergebnisse?
Geht es in einer Unterrichtssequenz z.B. darum, dass die Lernenden vor allem Wissen und Kenntnisse erwerben? Oder geht es darum, dass sie ihr Vorwissen aktivieren und anhand einer bewältigbaren Aufgabe erleben, wie sie ihr Wissen für diese Aufgabe einsetzen können? Das sind ganz unterschiedliche Ziele, die ich auch nur mit Hilfe entsprechender Arbeitsaufträge und Methoden fördern kann. Im ersten Fall bietet sich ein Vortrag, ein Film oder das gemeinsame Durcharbeiten eines Informationstexts an. Im zweiten Fall braucht man eine Arbeitsaufgabe, die die Lernenden einzeln, in Paaren oder in Gruppen selbständig bearbeiten. Ggf. kann man vorher im Plenum ein Brainstorming durchführen, was die Lernenden schon alles zu einem bestimmten Themenbereich wissen.

Um den Erwerb von Wissen und Kenntnissen zu unterstützen: Will ich den Stoff, den Fachinhalt eher selbst erläutern und präsentieren, oder will ich ihn die Lernenden eher selbständig erarbeiten lassen?
Für beide Alternativen gibt es gute Argumente, und es gibt auch hier kein pauschales Richtig oder Falsch. Zweifellos ist klar, dass die Lernenden beim selbständigen Erarbeiten sich selbst und ihr Lernverhalten besser kennenlernen und dass sie mehr gefordert sind, eigene (Lern-) Wege zu finden; die Kompetenzanforderungen gehen hier in Richtung Selbstlernkompetenz und Problemlösefähigkeit. Aber deshalb ist die stärker instruierende Haltung keineswegs überflüssig oder tabu: Erstens kann man auf diese Weise einmal einen Zusammenhang darstellen, den die Lernenden so noch nicht überblicken, und zweitens kann man den Lernen-

den so Sicherheit und Orientierung geben, wenn das einmal notwendig sein sollte. Ganz abgesehen davon, dass dieser Weg Zeit sparen kann. Drittens können die Lernenden sich dabei auch etwas fürs berufspädagogische Begründen und Argumentieren abschauen.

Will ich den Lernenden eher klare Vorgaben machen, oder will ich sie mehr selbst entdecken lassen?

Mit Hilfe von Vorgaben kann man den Lernprozess genauer steuern. Z.B. kann man den Schwierigkeitsgrad dosieren und den Lernprozess stark beeinflussen über sehr konkrete und kleinschrittige Aufgabenstellungen. Bei diesem Vorgehen lernen die Teilnehmer:innen, die Vorgaben zu verstehen und genau umzusetzen. Für die berufliche Laufbahn kann dies eine wichtige Fähigkeit sein. Soll es aber gerade darum gehen, sie lernen zu lassen, wie man sich unter Unsicherheitsbedingungen zurechtfindet und selbständig Probleme löst, dann muss man die Lernenden mit möglichst wenig Vorgaben ausstatten und sie ihre eigenen Erfahrungen und Entdeckungen machen lassen. Wieder fördern beide methodische Orientierungen verschiedene Kompetenzen, die aber alle im Berufsleben von Relevanz sein können.

Will ich mehr Wert legen auf das Verstehen, oder geht es mir mehr um das eigene Erleben der Lernenden?

Je nach Schwerpunkt wird man eher zu kognitiven Methoden greifen oder eher zu solchen, die die Lernenden persönlich möglicherweise stark anrühren und sie als Person fordern. Und natürlich ist auch hier klar, dass im Beruf das eine nicht ohne das andere geht und eine ausgewogene berufliche Bildung beide Pole im Auge behalten und versorgen muss.

Nutze ich eher eine pädagogisch geschaffene (künstliche) Situation, oder suche ich eine pädagogisch erschlossene Echtsituation?

Auch in dieser Frage (die sich in manchen Kontexten vielleicht gar nicht stellt, aber vor allem für die Ausbildung relevant ist) muss ich als Lehrende:r abwägen, was angemessener und sachdienlicher ist – für das Thema, für den Kompetenzstand der Lernenden und natürlich für die aktuellen Rahmenbedingungen. Aufpassen sollte man hier jedoch, dass die Abwägung nicht aus Gründen der Konvention, der Bequemlichkeit oder sozialer Widerstände so gut wie immer zum Nachteil der einen oder der anderen Seite ausgeht.

Weitere Entscheidungskriterien für den Methodeneinsatz:

- Bieten die ausgewählten Methoden und ihre Reihenfolge eine gute Abwechslung im Hinblick auf die konkreten Aktivitäten und die Sozialform?
- Sprechen die Methoden und ihre Ausgestaltung mit Medien unterschiedliche Sinne an?
- Verzahnen die Methoden gut Phasen der Aktivität und des Erlebens mit Phasen des Nachdenkens?
- An welchen Stellen und mit Hilfe welcher Methoden sorge ich für eine Wiederholung und ein gemeinsames Sichern der Erkenntnisse und Lernerträge aus dem bisherigen Lernprozess?
- Passen die gewählten Methoden zeitlich in die Unterrichtseinheit?
- Lassen sich die Methoden mit der räumlichen und materiellen Ausstattung des Seminarraums realisieren?

EXKURS

Lernstile und ihre Bedeutung für das methodische Arrangement

Basierend auf dem idealtypisch beschriebenen Lernprozess des Erfahrungslernens nach David Kolb (1983) haben die beiden US-amerikanischen Psychologen Peter Honey und Alan Mumford (1992) vier bevorzugte Lernstile identifiziert, die den vier Phasen des Lernprozesses von Kolb entsprechen.

Die beiden Autoren unterscheiden folgende Lernstile:
Aktivistischer Lernstil
Beobachtender Lernstil
Theoretischer Lernstil und
Pragmatischer Lernstil

Die einzelnen Stile werden folgendermaßen beschrieben:

Der aktivistische Lernstil

- Herausforderungen und neue Erfahrungen werden geschätzt
- aufgeschlossen, enthusiastisch und vorurteilsfrei
- Details langweilen
- assoziatives und spielerisches Denken

Der beobachtende Lernstil

- eher zurückhaltend und gewissenhaft beobachtend
- alle möglichen Umstände werden berücksichtigt
- Auswirkungen werden erwogen, bevor Aussagen getroffen werden
- innerlich hohe Aktivität, die nach außen passiv wirken kann

Der theoretische Lernstil

- analytisch und logisch denkend
- Sachverhalte (Fakten) werden aufgenommen und in Theorien und Konzepte integriert
- stark rational und objektivierend
- kritisches Denken

Der pragmatische Lernstil

- gezielt experimentierend
- neue Ideen werden ausprobiert und auf ihre Wirkung hin überprüft
- methodenorientiert und pragmatisch
- an praktischen Lösungen interessiert

Mit Hilfe von unterschiedlichen Tests, die auch im Internet verfügbar sind,[18] können sich Menschen selbst hinterfragen, welchem dieser idealtypisch beschriebenen Lernstile sie am ehesten zuneigen bzw. welche Kombinationen ihnen vertraut sind. Wie alle Theorien zur Kategorisierung von menschlichem Verhalten betonen auch Honey und Mumford,

[18] Vgl. http://till.schnupp.net/honey-mumfort/

dass das individuelle Lernen von Menschen aus einer Kombination von unterschiedlichen Zugängen besteht. Wenn man sich die Grundlage der Lernstile bewusst macht, nämlich das Lernprozessmodell des Erfahrungslernens nach David Kolb, wird deutlich, dass zu einem erfolgreichen Lernen der gesamte Zyklus, und damit alle von Kolb beschriebenen Schritte dazugehören. Für den erfolgreichen Erwerb von Handlungskompetenzen reicht es nicht aus, ein hervorragender Beobachter zu sein und damit einen bevorzugt beobachtenden Lernstil zu pflegen, das Theorien-Bilden, das Ausprobieren und das aktive Erfahrungen-Machen gehören ebenfalls dazu.

Trotzdem kann es sinnvoll sein, sich mit den Vorlieben von Lernenden auseinanderzusetzen und einen Blick dafür zu haben, welche Schritte des Lernprozesses einzelnen Lernenden besonders leichtfallen, bzw. welche sie vielleicht eher vermeiden. Das methodische Arrangement in Lernveranstaltungen kann Rücksicht darauf nehmen, wie unterschiedlich die Teilnehmer:innen *ticken*, indem für alle Lernstile etwas angeboten wird. Zugleich können die Lernenden voneinander profitieren, wenn z.B. Menschen mit hohen aktivistischen Anteilen bei einem Planspiel andere Lernende begeistern oder zurückhaltende beobachtende Lernende bei der Reflexion des Planspiels Beobachtungen in die Runde bringen, die nicht von allen wahrgenommen wurden.

Eine nachfolgende Gegenüberstellung der Potenziale, aber auch der Herausforderungen der einzelnen Lernstile macht die Stärken des jeweiligen Stils deutlich und kann Lernende und Lehrende dafür sensibilisieren, warum es sich lohnt, auf alle Schritte im Lernprozessmodell Wert und Aufmerksamkeit zu legen.

Aktivistischer Lernstil

POTENTIALE	Flexibilität, Offenheit für neue Erfahrungen, Begeisterungsfähigkeit, Optimismus
HERAUSFORDERUNGEN	Neigung zu unüberlegtem Handeln ohne Vorbereitung, geringes Durchhaltevermögen, Eingehen von unnötigen Risiken

Beobachtender Lernstil

POTENTIALE	Sorgfältigkeit, Genauigkeit, Umsichtigkeit, Bedächtigkeit
HERAUSFORDERUNGEN	Neigung zu geringer Beteiligung, zögerliches Entscheidungsverhalten, zu große Vorsicht

Theoretischer Lernstil

POTENTIALE	klares Denken, Vernunft und Objektivität, Ausdauer, Disziplin
HERAUSFORDERUNGEN	geringe Toleranz für Unsicherheit und Ambivalenz, Ablehnung von Gefühlen und Intuition, Festhalten an rein linearen Denkformen

Pragmatischer Lernstil

POTENTIALE	Experimentierfreude, Realismus, Lösungsorientierung, Entscheidungsfreude
HERAUSFORDERUNGEN	Neigung, alles abzulehnen, worin kein sofortiger Nutzen gesehen wird, Ungeduld, Tendenz zu naheliegenden statt besten Lösungen

Welche Medien nutze ich für kompetenzorientiertes Lernen?

Im Gegensatz zu Methoden, die einen bestimmten Prozess der Beschäftigung mit einem Thema oder einer Aufgaben- bzw. Fragestellung gestalten, sind Lehr-Lernmedien die Kommunikationsmittel, mit denen bestimmte Informationen dargestellt, beschrieben oder veranschaulicht, d.h. mit anderen Worten, an die Lernenden vermittelt (daher der Begriff Medium) werden. Dabei kommt es darauf an, dass das Medium tatsächlich eine Information bereithält und vermittelt und nicht nur ein reines Arbeits- oder Übungsmaterial ist. Das Papier an sich, ein Stift, der Beamer, der Internet-Anschluss sind nicht Träger einer bestimmten Information und werden daher nicht als Medium gesehen. Sie könnte man als Lern- oder Arbeitsmaterial – in der klassischen Mediendidaktik als Bildungsmittel – bezeichnen. Auch die Lehrperson wird nicht als Medium verstanden.

Rund um den Einsatz und die Gestaltung von Lernmedien hat sich ein eigener Zweig der Erziehungswissenschaft gebildet, die Mediendidaktik. Sie beschäftigt sich mit Medien in Lehr-Lernprozessen im Hinblick auf ihre

- Funktion: Wofür werden Medien eingesetzt?
- Auswahl: Nach welchen Kriterien werden Medien passend ausgewählt?
- Einsatz: Wie und unter welchen Bedingungen lassen sich Medien gut einsetzen?
- Entwicklung: Worauf kommt es an, um gute, d.h. lernförderliche Medien zu entwickeln?
- Herstellung: Wie lassen sich Lehr-Lernmedien (selbst) herstellen?
- Gestaltung: Worauf konkret ist bei der Ausgestaltung der Medien und deren Inhalten zu achten? und
- Wirkung: Welche beabsichtigten und nicht beabsichtigten Wirkungen hat der Einsatz (unterschiedlicher) Medien im Lehr-Lernprozess?

Die Mediendidaktik geht davon aus, dass der Einsatz von Lernmedien nicht beliebig ist, sondern auf die verfolgten Lernziele, den Lerninhalt, die Lernenden und die gewählte Methode abgestimmt werden sollte. Daher gibt es keine Pauschalempfehlungen für bestimmte Medien, sondern die jeweiligen Eigenschaften, Vor- und Nachteile von Lernmedien müssen vor dem Hintergrund dieser didaktischen Aspekte abgewogen bzw. bewusst gestaltet werden.

Natürlich gibt es zur Systematisierung und genaueren Analyse von Lernmedien verschiedene Unterscheidungskriterien, die jeweils auf bestimmte Eigenschaften der Medien abheben. Zu den wichtigsten gehören folgende Kriterien:

Das wichtigste Unterscheidungskriterium für Lernmedien ist der angesprochene Sinneskanal: Medien können unterschiedliche Wahrnehmungssinne ansprechen, um Informationen zu übermitteln.

Beispiele für visuelle Medien sind Texte, Arbeitsblätter, Bücher, Flipcharts, Metaplan-Karten, Plakate, (Land)Karten, Bilder, Präsentationsfolien oder Filme. Sie sprechen den für die meisten Menschen wichtigsten Wahrnehmungsweg, das Sehen, an.

Audio-Aufnahmen – digital oder analog –, Radiosendungen, Musikaufnahmen oder Hörbücher sind Beispiele für ausschließlich auditive Lernmedien, d.h. Lernmedien, die über das Hören Informationen vermitteln.

Von audiovisuellen Medien spricht man, wenn beide Sinne, das Sehen und das Hören, angesprochen sind. Das ist u.a. der Fall bei Filmen, Podcasts oder Diashows bzw. Präsentationen mit Ton.

Zu den haptischen Medien gehören Nachbildungen oder Modelle von Gegenständen oder Versuchsaufbauten in Original- oder Miniatur-Größe, bei denen z.B. technische oder physikalische Zusammenhänge *begriffen* werden können.

Olfaktorische Lernmedien also Medien, die das Riechen ansprechen, sind seltener anzutreffen, können aber z.B. im medizinischen, biologischen, chemischen, pharmazeutischen oder kosmetischen Zusammenhang genutzt werden. Beispiele sind Geruchsproben von unterschiedlichen Duftstoffen.

Digitale oder analoge Medien: Mit der zunehmenden Verbreitung des E-Learning, d.h. des elektronisch bzw. digital unterstützten Lernens, werden Lernmedien häufig nach digital oder analog unterschieden. Die digitalen Medien stehen momentan auch im Fokus der mediendidaktischen Untersuchungen. Die technologische Entwicklung bietet neuartige oder verbesserte Formen der medialen Vermittlung, die sich im gesamten Bildungsbereich zunehmend verbreiten. Zu den digitalen Medien werden alle Kommunikationsformen oder Informationsträger gezählt, die computer- oder webbasiert sind. Dazu gehören Formen, die lediglich eine Übertragung von der analogen in die digitale Form darstellen (z.B. eBooks statt auf Papier gedruckte Bücher, digitale Audio- oder Video-Dateien statt analoger Audio- oder Video-Bänder, power-point-Dateien statt Folien). Durch die digitalen Entwicklungen sind jedoch auch digitale Medien möglich geworden, die es in analoger Form nicht gab (z.B. Simulationen mit Hilfe von Virtual-Reality-Brillen, Augmented Reality Anwendungen).

Daneben können Medien noch nach folgenden Detailkriterien unterschieden werden:

Unterscheidung nach der Hardware: die klassische analoge Hardware ist Papier, die Hardware elektronischer oder digitaler Lernmedien ist das jeweilige Endgerät, auf dem digitale Informationen angezeigt werden.

Unterscheidung der Medien nach dem Symbolsystem, d.h. der Codierung der Information: diese Unterscheidung wird insbesondere bei visuellen Medien relevant: visuelle Medien können die Informationen als Bilder oder Grafiken oder als Text, d.h. über Sprache codiert zur Verfügung stellen.

Was leisten Medien? Welche Zwecke haben sie?

Medien veranschaulichen Informationen

Der Hauptzweck von Medien ist, dass mit ihrer Hilfe Sachverhalte, Zusammenhänge oder Prozesse in einer anschaulichen, realitätsnahen und dem menschlichen Vorstellungsvermögen angepassten Weise dargestellt werden können. So können Bilder oder gezeichnete Abbildungen komplizierte Sachverhalte und Zusammenhänge visualisieren und dadurch der menschlichen Anschauung viel leichter zugänglich machen als eine lange schriftliche oder mündliche Beschreibung. Das Sprichwort ‚Ein Bild sagt mehr als tausend Worte' bringt diesen Vorteil des Bildhaften auf den Punkt. Über Filme und animierte Darstellungen können auch Prozesse, d.h. zeitliche Abfolgen und Veränderungen verdeutlicht werden.

Medien machen Zusammenhänge erfahrbar

Nicht nur um einzelne Informationen anschaulich darzustellen, sondern um auch komplexe Zusammenhänge und Interaktionen zu verdeutlichen, werden Medien wie z.B. Versuchsaufbauten oder Modelle eingesetzt. An ihnen können Lernende auch eigenständig *Hand anlegen* und experimentieren, indem sie an den Modellen z.B. verschiedene Parameter einstellen oder mit unterschiedlichen Eigenschaften der Bestandteilen ‚spielen'. Ein reales Modell ist damit sehr nah an der Arbeits- oder Lebensrealität der Lernenden und gibt Lernenden einen handelnden und haptischen Zugang zu dem behandelten Themenbereich. Nicht immer stehen aufwändige reale Modelle zur Verfügung, sondern werden durch programmierte Simulationen ersetzt. Auch mit Hilfe dieser Simulationen können Prozesse und Abläufe dargestellt und experimentell beeinflusst werden. Die Erfahrung, die Lernende mit echten Modellen oder Apparaten machen, sind realer und damit der natürlichen Erfahrung leichter zugänglich. Der Vorteil von programmierten Simulationen kann darin bestehen, dass im Programm gleich Messungen und Aufzeichnungen der verschiedenen Parameter und der Ergebnisse gespeichert und verglichen werden können.

Medien halten Informationen orts- und zeitunabhängig verfügbar

Informationen zu konservieren und für wiederholten Zugriff verfügbar zu halten, war seit jeher ein wesentlicher Zweck des Einsatzes von Lernmedien. Die Verfügbarkeit von Informationen hat sich durch das Internet und den mobilen Zugriff darauf fundamental verändert. Es ist heute möglich, auf jegliche Information (fast) völlig orts- und zeitunabhängig zuzugreifen. Diese Möglichkeit wird zunehmend genutzt, um das Lernen zu flexibilisieren und leichter in den Arbeits- und Lebensalltag von Lernenden zu integrieren. Medien dienen nicht nur dazu, bestehende Informationen dauerhaft verfügbar zu halten, sondern auch Informationen, die im Lernprozess generiert werden. Mündliche Diskussionen im Lehr-Lernprozess sind flüchtig. Das Notieren der wesentlichen Aussagen auf Flipchart oder in einem Notizsystem und die Zusammenstellung in einem (Foto-)Protokoll dienen auch dem Zweck, diese Erkenntnisse festzuhalten und für spätere Zugriffe verfügbar zu machen (auch eine Audio-Aufnahme der Diskussion wäre eine Form der Konservierung).

Medien erleichtern die Kommunikation und Kooperation zwischen Lernenden und Lehrenden

Begünstigt durch die digitalen Weiterentwicklungen dienen digitale Kommunikationsmedien mehr und mehr dazu, die Kommunikation und Kooperation zwischen Lernenden sowohl zeit- als auch ortsunabhängiger zu gestalten. Über Videokonferenz-Systeme oder Webinar-Programme können Menschen auch über große Distanzen miteinander interagieren. Über Live-Streams können sie an Ereignissen und Aktivitäten beobachtend teilnehmen – bei 3-D-Livestreams fühlt man sich schon fast mittendrin. E-Mail-, Chat- und Messenger-Programme ermöglichen eine synchrone wie asynchrone Kommunikation, d.h., sie erlauben den Austausch auch zu Zeitpunkten außerhalb festgelegter Seminarzeiten. Für eine Kooperation bei gemeinsamen Denk-Aktivitäten (z.B. beim Brainstormen oder bei der gemeinsamen

Erstellung eines Konzepts, das als Text festgehalten wird) gibt es kollaborative Dokumente, die über das Internet ebenfalls zeit- und ortsunabhängig von festgelegten Personen bearbeitet werden können.

Fördern Medien die Lernmotivation?

Der Medieneinsatz kann die Motivation von Lernenden tatsächlich steigern, allerdings in der Regel nur kurzfristig. Verantwortlich dafür ist oft ein Neuigkeitseffekt, der sich natürlich nach einer Weile abnutzt. In dem Zusammenhang ist zu berücksichtigen, dass die Attraktivität des Mediums den Lerneffekt zum Teil auch beeinträchtigen kann. Deshalb ist z.B. der Einsatz neuartiger digitaler Medien mit dem vorrangigen Ziel, Lernende zu motivieren, eher mit Skepsis zu betrachten.

Nach welchen Kriterien sollten Medien ausgewählt bzw. gestaltet werden?

Die Auswahl oder Gestaltung der Medien richtet sich nach der Art und Komplexität der Informationen

Das wichtigste Auswahl- oder Gestaltungskriterium ist die Art und die Komplexität der Information, die über das Medium transportiert werden soll. Viele Daten und Fakten lassen sich als strukturierter und übersichtlich dargestellter Text darstellen (die meisten Informationen liegen immer noch in schriftlicher Form vor, auch in digitalen Medien). Wenn es beim Sprachenlernen allerdings um die korrekte Aussprache eines Wortes geht, hilft das Schriftbild alleine nicht, diese Information muss auch auditiv vermittelt werden. Wenn beobachtbare Prozesse und Abläufe in der realen zeitlichen Abfolge verdeutlicht werden sollen, bieten sich Videoaufnahmen an. Diese können in Echtzeit angesehen werden, oder sie geben bestimmte Prozesse auch im Zeitlupen- oder Zeitraffer-Modus wieder. Damit können bestimmte Aspekte hervorgehoben werden, die erst bei genauerem Hinsehen oder bei Betrachtung eines längeren Zeitraums zu erkennen sind. Nicht direkt beobachtbare Prozesse können in symbolischen Animationen, d.h. in einer Abfolge von Bildern und Grafiken dargestellt werden. Auch so können Zusammenhänge im Zeitverlauf verdeutlicht werden. Über Simulationen, d.h. Darstellungen von Prozessabläufen, bei denen Rahmenbedingungen und Ausgangsparameter verändert werden können, werden Zusammenhänge und Wirkungen experimentierend erfahrbar.

Informationen sollten zur Unterstützung der Behaltens- und Verstehensleistung parallel auf unterschiedlichen Kanälen oder in unterschiedlichen Symbolsystemen dargeboten werden

Untersuchungsergebnisse aus der Mediendidaktik haben ergeben, dass es Lernenden leichter fällt, Informationen zu behalten und zu verstehen, wenn sie mehrfach codiert vorliegen. Das bedeutet z.B., dass zusätzlich zu einem Bild oder einer Grafik die Aussage auch als schriftlicher oder gesprochener Text dargeboten wird. Dieser Hinweis gilt nicht nur für den eigentlichen *Lernstoff*, sondern z.B. auch für Arbeitsaufträge, die mündlich an die Lernenden übergeben werden, aber unbedingt auf einem Flipchart oder auch auf einem Arbeitsblatt visualisiert werden sollten. Erfahrungen in der Praxis zeigen immer wieder, dass Lernende Arbeitsaufträge *auf den ersten Blick*, bzw. bei der Erläuterung durch den oder die Lehrende vermeintlich verstanden haben, dass sich in den anschließenden Gruppenarbeiten aber doch noch Fragen auftun, weil die Lernenden die Arbeitsaufträge unterschiedlich verstanden haben.

Bei prozesshaften Darstellungen, z.B. bei Animationen oder bei Filmen müssen die parallel laufenden Kanäle (die bewegten Bilder und der Text bzw. das Gesprochene) zeitlich gut aufeinander abgestimmt, d.h. synchronisiert sein.

Die Informationen sollten möglichst realitätsnah dargeboten werden

Um Handlungskompetenzen zu fördern, braucht es das Tun in komplexen, möglichst realen Handlungssituationen. Die in Lernveranstaltungen inszenierten Handlungssituationen sollten daher der Arbeitsrealität so nahe wie möglich kommen. Wenn es z.B. darum geht, dass Lernende die Wahrnehmung von Fehlern in einem System lernen sollen, sollte dieses System (wenn es nicht real oder als Modell in der Unterrichtssituation vorhanden ist) so real wie möglich repräsentiert sein. Das leisten in der Regel Filme (mit Bild und Ton), oder, noch lebensnäher, virtuelle 3-D-Simulationen. Wenn in der Realität bestimmte Informationen nur über einen Wahrnehmungskanal erhältlich sind (z.B., wenn man lernen will, einen Defekt an einer Anlage über die Geräusche der Anlage zu erkennen), kann sich das Medium auch auf diesen Kanal reduzieren (d.h., dann wird nur Ton präsentiert).

Die Auswahl und Gestaltung der Medien richtet sich nach den Fähigkeiten der Lernenden

Untersuchungen über die Wirkung von Medien haben ergeben, dass Lernende je nach vorhandenen Fähigkeiten mehr oder weniger von bestimmten Medien profitieren. So profitieren z.B. Menschen, die sich schwer tun, abstrakte Konzepte zu verstehen, besonders von Animationen, die abstrakte und komplexe Zusammenhänge mit Hilfe von dynamischen Visualisierungen verdeutlichen. Menschen, die schon viel Vorwissen und Vorerfahrungen in einem bestimmten Wissensgebiet mitbringen, kommen auch mit schriftlichen Beschreibungen der Zusammenhänge zurecht.

Die Auswahl der Medien muss die verfügbaren technischen Möglichkeiten berücksichtigen

Die Medien, mit denen man arbeiten möchte, müssen natürlich im Seminar- oder Unterrichtsraum auch verfügbar sein. In speziell für Lernveranstaltungen vorgesehenen Räumen kann man davon ausgehen, dass Pinnwände, Whiteboards, Flipcharts, Moderationsmaterial und Beamer vorhanden sind. Auch die Verbindung zum Internet und ggf. ein (veralteter) PC stehen für den oder die Lehrende in der Regel bereit. Wie aber sieht es aus mit den technischen Geräten für die Lernenden? In der Regel haben diese ihr (privates) Smartphone dabei und können damit auf alle web-basierten Anwendungen zugreifen. Für alle Anwendungen eignet sich das Smartphone als Arbeitsgerät aber nicht. Außerdem ist zu klären, ob es zulässig ist, nach dem Motto *bring your own device* zu arbeiten. Auch für Blended Learning Angebote ist sicherzustellen, dass die Lernenden z.B. auf gemeinsam genutzte Lernplattformen Zugriff haben und sich damit einverstanden erklärt haben, dass personenbezogene Daten nach der Datenschutzgrundverordnung (DSGVO) vom Betreiber der Lernplattform gespeichert und verarbeitet werden.

Die Medienauswahl oder -gestaltung sollte den Lernenden Eigenaktivität ermöglichen

Um das entdeckende, eigenaktive Lernen zu fördern sollten auch die gewählten Medien Eigenaktivität der Lernenden ermöglichen, z.B. über Simulationen (um das entdeckende Lernen zu fördern). Es wurde jedoch auch festgestellt, dass eine sehr große Vielfalt an Aktivitäten, die durch ein Medium ermöglicht werden, zu Überforderung und schlechteren Leistungen führen kann. In der Nutzung von digitalen Lernprogrammen, die eine sehr große Bandbreite an Themen und Vorgehensweisen bereithalten, sollten Lernende eine programmierte Anleitung oder zumindest eine Beratung zur bestmöglichen Nutzung der einzelnen Lernangebote erhalten.

Als Lehrende/r sollte man mit der Nutzung der Medien vertraut sein

Nicht zuletzt ist sicher ein Auswahlkriterium für die Wahl von Lehr-Lernmedien die Vertrautheit und die Routine mit ihrem Einsatz. So wie das gut lesbare und übersichtliche Schreiben auf Tafel oder Flipchart eine Übungssache ist, so muss man auch in der Handhabung digitaler Medien geübt sein, damit sich die Medien gut und möglichst reibungslos in den Ablauf der Lernveranstaltung einfügen. Bei der Nutzung eines digitalen Audience Response Systems (ARS) müssen z.B. die Fragen vor der Veranstaltung vorbereitet und bereits getestet sein. Der Zugriff der Lernenden auf die entsprechende Website muss gewährleistet sein und die Darstellung der zusammengefassten Ergebnisse per PC und Beamer im Seminarraum sollte klappen. Bei dieser Form der Beteiligung der Lernenden müssen natürlich auch die Lernenden mit ihren digitalen Endgeräten und der ARS-Applikation umgehen können.

EXKURS
Mythos Lerntypen

Im Kontext des Einsatzes von Medien wird häufig auf die *Lerntypen* verwiesen.

Die Lerntypentheorie geht im Wesentlichen auf Frederic Vester zurück und erlangte mit der Veröffentlichung des Buchs „Denken, Lernen, Vergessen“ (1975) eine große Popularität. Sie bringt zum Ausdruck, dass Lernen über unterschiedliche Wahrnehmungskanäle erfolgt und dass die Lerneffektivität dadurch gesteigert werden kann, dass der richtige Wahrnehmungskanal bei den einzelnen Lernenden angesprochen wird.

Vester unterschied vier Lerntypen:

- den auditiven (lernt durch Hören und Sprechen)
- den visuellen (lernt durch Sehen und Beobachten)
- den haptischen (lernt durch Anfassen und Fühlen)
- den kognitiven (lernt durch den Intellekt).

An dieser Kategorisierung wird jedoch verbreitet und berechtigt Kritik geübt. Die Lerntypen 1 bis 3 suggerieren, dass das Lernen allein aufgrund einer Informationsaufnahme über einen bestimmten Sinneskanal zustande kommt. Eine kognitive Beschäftigung und Verarbeitung der Informationen wird dabei in Abrede gestellt. Diese kognitive Verarbeitung wird lediglich dem 4. Lerntyp zugesprochen. Jedoch erfordert jegliche Verarbeitung von Informationen kognitive Aktivität.

Auch von Seiten der Neurobiologie gibt es berechtigte Kritik an dieser Kategorisierung. Diese wird verständlich, wenn man sich die natürlichen Kapazitäten der menschlichen Sinnesorgane näher anschaut. Die folgende Übersicht gibt einen groben Überblick, wieviel an Information pro Sekunde von den Sinnesorganen aufgenommen werden kann. Ein Bit stellt dabei die kleinste mögliche Informationseinheit dar.

Sinnesorgan	Bandbreite in Bit pro Sekunde (gerundet)
Augen	10.000.000
Haut	1.000.000
Ohren	100.000
Geruch	10.000
Geschmack	1.000

Aus dieser Übersicht kann man die überragende Bedeutung des visuellen Systems erkennen, das den Menschen zu einem *Augentier* macht.[19]

Es liegt jedoch kein empirischer Beleg dafür vor, dass man die Lerneffizienz steigern könnte, wenn man den eigenen Lerntyp beachtet. Damit kann die Lerntypentheorie nicht zur Auswahl passender Medien in Lernveranstaltungen herangezogen werden.

Wann wähle ich welche Sozialformen für das kooperative Lernen?

Beim Lernen spielt die individuelle Einzigartigkeit der Lernenden in vielerlei Hinsicht eine Rolle. Erstens wird sie bei den Vorkenntnissen wichtig. Vorkenntnisse in einem bestimmten Wissensbereich sind eine der wichtigsten Voraussetzungen für den Lernerfolg. Dies wird auch *Matthäus-Effekt* genannt, unter Bezugnahme auf die Bibelstelle „Denn wer hat, dem wird gegeben." Damit ist gemeint, dass gute Vorkenntnisse den Erwerb von neuem Wissen begünstigen.[20]

Ein weiterer wichtiger Einflussfaktor auf den Lernerfolg ist das Lerntempo. Bereits in der Grundschule entsprechen die Unterschiede im Lerntempo der Kinder dem Faktor 1:5. Das heißt, dass die langsamsten Kinder die fünffache Zeit brauchen, um zu den gleichen Lernergebnissen zu kommen wie die schnellsten. In den weiterführenden Schulen reduzieren sich die Lerntempounterschiede auf 1:3, während sie sich in der Erwachsenenbildung wieder bis zum Faktor 1:9 erhöhen.[21]

Diese enormen Unterschiede lassen es unsinnig erscheinen, mit Lernenden in einem gemeinsamen Lerntempo zu arbeiten. Für die einen Lernenden wird das eingeschlagene Tempo zu gering sein. Sie müssen ständig warten, bis die anderen soweit sind. Der Lernprozess erscheint ihnen uninteressant, voller Wiederholungen und wenig effektiv. Für langsamere Lernende hingegen wird das Lerntempo zu hoch sein. Sie verstehen vieles nicht, weil ihnen dazu noch die Vorkenntnisse fehlen, und sie machen viele Fehler. Beides untergräbt ihre Motivation. Der Lernprozess erscheint ihnen nicht bewältigbar.

Die Lehrenden stehen damit vor einem Dilemma. Welches Lerntempo sie auch wählen, es wird immer Teilnehmer:innen geben, die nicht damit zurechtkommen. Dies gilt nicht nur für Vorträge, Präsentationen oder Referate, sondern auch für fragend-entwickelnde Gesprächssequenzen im Plenum. Auch bei dieser Form beteiligt sich nur ein Teil der Lernenden. Bei den anderen bleibt unklar, wie weit sie dem Lernprozess folgen können. So kommt es zu dem eigenartigen Phänomen, dass selbst gravierende Lerntempo-Unterschiede selten auffallen. Dabei sind Lerntempo-Unterschiede nur ein äußeres Zeichen für die sehr unterschiedlichen, im Inneren ablaufenden Vorgänge. Selbst bei einem von außen wahrgenommenen identischen Lerntempo zweier Personen in einer bestimmten Lernsi-

[19] Stangl, 2019
[20] Wahl, 2006
[21] Wahl, 2006

tuation kann nicht davon ausgegangen werden, dass beide das Gleiche gedacht, gefühlt und getan haben. Man muss vielmehr annehmen, dass Situationen und Inhalte von jeder Person individuell aufgenommen, vernetzt und bewertet werden. Daraus folgt als Konsequenz, den Lernenden möglichst umfangreiche Phasen anzubieten, in denen sie sich ganz persönlich mit den Inhalten auseinandersetzen können. Daher ist der systematische Wechsel der Sozialformen so wichtig. Durch die wiederholte Unterbrechung von Präsentationsphasen wird es den Lernenden ermöglicht, das Gehörte oder Gelesene mit den eigenen Vorkenntnissen zu vernetzen und auf seine Bedeutung für das eigene Handeln hin zu analysieren.

Im Folgenden werden die Kennzeichen der verschiedenen Sozialformen beschrieben.

Plenararbeit

Diese Form der Zusammenarbeit ist durch ein zentrales Geschehen in der Gesamtgruppe mit einer/einem Gestalter:in der Interaktion gekennzeichnet. Das kann die/der Lehrende sein, z.B. bei der Moderation einer Plenumsdiskussion oder bei der Präsentation neuer Informationen. Das können aber auch ein Mitglied oder mehrere Mitglieder der Lerngruppe sein, z.B. bei der Präsentation von Gruppenarbeitsergebnissen.

Die potentiellen Vor- und Nachteile ergeben sich daraus, wie stark die/der Lehrende die Plenararbeit steuert.

Vorteile

- Die Vielfalt der Beiträge der Lerngruppe sind für alle erfahrbar.
- Störungen können besser vermieden werden.
- Die Diskussionskultur kann geübt werden.
- Die Verbundenheit der gesamten Gruppe wird gestärkt.
- Lehrende können besser auf Rückmeldungen der Gruppe eingehen.
- Informationen, die für alle in der Gruppe relevant sind, haben hier ihren Platz.

Nachteile

- Auf Unterschiede in den Lernstilen und im Lerntempo wird nicht bzw. kaum eingegangen.
- Selbstorganisation wird kaum ermöglicht und damit nicht gefördert.
- Soziale Kompetenzen wie Verantwortungsübernahme, Teamfähigkeit und Konfliktmanagement werden in dieser Form der Zusammenarbeit kaum gefordert und damit auch nicht gefördert.
- Es besteht die Gefahr, dass sich einzelne Lernende nicht beteiligen.
- Über längere Phasen verführt diese Arbeitsform zur Passivität und zu nachlassender Aufmerksamkeit.
- Diese Arbeitsform führt oft zu der Annahme, dass das Gesagte von allen gleichermaßen wahrgenommen und verarbeitet wurde.

Gruppenarbeit

Bei dieser Sozialform arbeiten Kleingruppen (ca. drei bis fünf Personen) an einer konkreten Aufgabe. Dabei kann die Art und Weise der Gruppenzusammensetzung, der Aufgabenverteilung, der Aufbereitung und Darstellung der Gruppenarbeitsergebnisse variiert werden, so dass ganz unterschiedliche Varianten mit jeweils eigenen Vor- und Nachteilen möglich sind. Kennzeichnend für diese Arbeitsform ist, dass die Lernenden während der Gruppenarbeitsphase sehr eigenständig und selbstorganisiert arbeiten, sich die/der Lehrende zurückhält und nur bei Bedarf und auf Wunsch der Kleingruppe beratend eingreift.

Vorteile

- Eine sehr intensive Auseinandersetzung mit einer Aufgabenstellung wird möglich.
- Die Lernenden können sich aktiv mit ihrem Vorwissen, ihren bisherigen Erfahrungen und ihrer Meinung einbringen.
- Selbstorganisation in der Kleingruppe und alle damit verbundene Kompetenzen werden gefördert.
- Die Lernenden begegnen sich in der Kleingruppe viel intensiver als im Plenum. Auch der informelle Erfahrungsaustausch wird in Gruppenarbeiten gefördert. Das kann für viele Lernende ein entscheidender Mehrwert von Lernveranstaltungen sein.
- Über eine gezielte Gruppenzusammensetzung kann auf individuelle Lernstile, Lerntempi und Lernvoraussetzungen eingegangen werden.

Mögliche Probleme

- Da sich die Kleingruppen selbst organisieren müssen, kann es zu Differenzen und Spannungen kommen.
- Bei Gruppen mit mehr als fünf Personen können sich einzelne zurückziehen.
- Die Geschwindigkeit, in der Aufgaben bearbeitet werden, kann von Gruppe zu Gruppe stark variieren.
- Auch das Ergebnis der Gruppenarbeit kann qualitativ stark variieren. Ggf. müssen bei der anschließenden Präsentation im Plenum Ergänzungen oder Korrekturen vorgenommen werden.

Paar- oder Partnerarbeit

Eine Aufgabe wird selbständig und kooperativ durch zwei Lernende bearbeitet. Auch hier bieten sich Variationsmöglichkeiten durch die Art der Paarbildung und die Formulierung und Verteilung der Fragen bzw. Aufgaben an.

Vorteile

- Partnerarbeit ist schnell und einfach zu organisieren.
- Die Lernenden setzen sich sehr individuell und konzentriert mit einer Fragestellung auseinander, gleichzeitig gibt es einen Austausch und Feedback.
- Paararbeit bietet sich an, um Ergebnisse und Überlegungen aus einer vorangegangenen Einzelarbeit mit einem Gegenüber abgleichen zu können. Dabei entstehende Fragen können dann ins Plenum gebracht werden.
- Zu zweit fällt die intensive Beschäftigung mit einer Thematik leichter als allein.

Mögliche Probleme

- Bei ungeraden Teilnehmer:innen-Zahlen muss auch ein Trio gebildet werden.
- Auch hier kann es zu Ungleichgewichten in der Beteiligung kommen.
- Je nach Aufgabenstellung kann es passieren, dass nur einer der Partner zum Zug kommt.

Einzelarbeit

Jede:r Lernende bearbeitet eine Fragestellung für sich allein oder eignet sich neue Informationen an. Die/Der Lehrende steht nur bei Bedarf als Hilfe zur Verfügung.

Mögliche Vorteile

- Jede:r kann in eigenem Tempo und in bevorzugter Vorgehensweise arbeiten.
- Einzelarbeiten schaffen Phasen der Ruhe im Seminarverlauf.
- Ein individuelles und konzentriertes Arbeiten wird gefördert.
- Lernende bekommen Übungsmöglichkeiten, sich selbst Informationen zu erschließen.

Nachteile und mögliche Probleme:

- In sehr leistungsheterogenen Lerngruppen sind die Lernenden zu unterschiedlichen Zeitpunkten fertig, sodass zusätzliche Aufgaben geplant werden müssen.
- Einzelarbeit verlangt von den Lernenden eine gewisse Eigenmotivation zur Beschäftigung mit der Aufgabe bzw. Fragestellung.

Eignung verschiedener Sozialformen für Lernanlässe

Einzelarbeit

Zur Entwicklung individueller Arbeitstechniken
Um Übung und Routine zu entwickeln
Um Neues individuell zu reflektieren
Um Neues für individuelle Anwendungssituationen zu übersetzen
Um eigene Aktionspläne zu erstellen

Partnerarbeit

Zur Lösung schwieriger Aufgaben, bei denen eine intensive Zusammenarbeit hilfreich ist
Zur Differenzierung bei heterogenen Lerngruppen
Für Aufgaben, die arbeitsteilig bearbeitet werden können

3.7 Welche Potenziale haben digitale Lernformen?

Welche Formen und Formate des E-Learning unterscheidet man?

In einem sehr weiten Verständnis wird der Begriff E-Learning (für Electronic Learning) als Sammelbegriff für alle Varianten internetbasierter Lehr- und Lernangebote verwendet. Konkretisierend kann man E-Learning als Bezeichnung für netzbasierte Lernformen verwenden, „bei denen elektronische oder digitale Medien für die Präsentation und Distribution von Lernmaterialien und/oder Unterstützung zwischenmenschlicher Kommunikation zum Einsatz kommen".[22] Mit dem Begriff E-Learning ist also noch nicht genau beschrieben oder eingegrenzt, welche Technologien im Einzelnen verwendet werden. Die von Anbietern und Nachfragern geschätzten Vorteile und Potenziale des E-Learning – mobile Verfügbarkeit von Informationen, Vernetzung und Kommunikation über räumliche und zeitliche Distanzen hinweg – sind jedoch erst durch die Möglichkeiten des Internets entstanden, so dass die Nutzung des Netzes beim E-Learning impliziert wird.

Schon bei oberflächlicher Beschäftigung mit E-Learning-Angeboten entsteht der Eindruck, dass man es mit einer schwer zu fassenden und sich schnell entwickelnden Vielfalt an bestehenden und neu entstehenden Tools, Apps, Programmen und Formaten zu tun hat. Eine umfassende Ordnung und Strukturierung dieser Angebote fällt daher äußert schwer. Um die Vielfalt zu sichten und zu ordnen, kann man sich daher erst einmal daran orientieren, welche Kategorien und Cluster in der Theorie und Praxis der beruflichen Bildung genannt werden.

Ein Beispiel für eine Ordnung von digitalen *Lernformen* nach ihrer Verbreitung in Unternehmen stammt aus dem mmb-Trendmonitor 2018-2019.

[22] Vgl. mmb, 2019

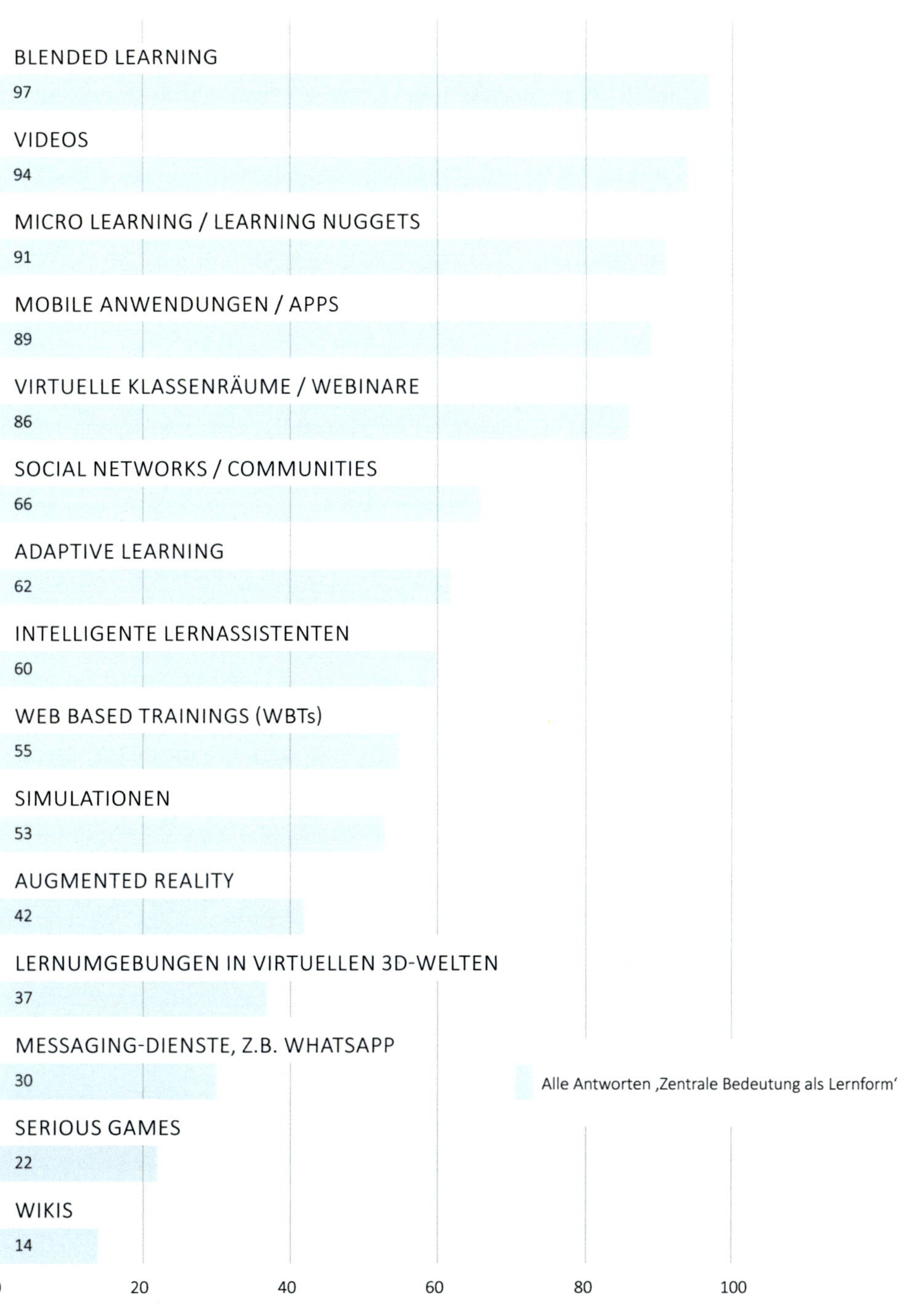

Abb. 7: Digitale Lernformen in Unternehmen (Quelle: mmb-Institut: Ergebnisse der Trendstudie mmb Learning-Delphi 2018/2019)

In dieser Abbildung sind die verbreitetsten E-Learning-Formen dargestellt, die von E-Learning-Experten im Jahr 2018 als zukünftig bedeutsam in der unternehmensinternen Aus- und Weiterbildung eingeschätzt wurden. Das mmb-Institut führt dieses Befragung regelmäßig seit 2006 durch, so dass sich nachvollziehen lässt, wie sich die Bedeutung der verschiedenen Formen im Verlauf der Zeit verändert. Die längerfristige Betrachtung macht eine hohe Dynamik in den E-Learning-Angeboten sichtbar und zeigt auf, wie technische Neuerungen (z.B. die steigende Leistungsfähigkeit von Smartphones) das digital unterstützte Lernen beeinflussen. Dass sich auch gesellschaftliche Entwicklungen auf den Einsatz und die Nutzung digitaler Angebote auswirken, wird anhand der radikalen Einschränkungen des gemeinsamen Lernens und Arbeitens im Zuge der Corona-Krise deutlich. Durch keine technische Innovation wäre eine Steigerung des digitalen Lernens im erlebten Ausmaß angestoßen worden wie durch den Zwang zur sozialen Distanzierung zum Schutz vor einer Virusinfektion.

Was verbirgt sich hinter den einzelnen Begriffen?

Blended learning

Unter Blended learning (aus dem Englischen *to blend = mischen*) wird die didaktisch sinnvolle Verknüpfung von traditionellen Präsenzveranstaltungen und Formen von E-Learning verstanden. Häufig anzutreffen ist die Mischung aus Präsenzveranstaltungen, die Bearbeitung von Aufgaben und der Austausch der Ergebnisse über eine Lernplattform sowie kürzere Videokonferenzen zwischen Lernenden und Lehrenden bzw. Tutor:innen. Jedes einzelne Element oder Format muss danach gewählt und gestaltet werden, welche Lernergebnisse damit verfolgt werden.

Videos

Videos sind kein neues Format, das durch die Digitalisierung ermöglicht wurde, aber die einfache Verfügbarkeit und die damit einhergehende Beliebtheit von Videos wurde durch das Internet, insbesondere durch YouTube und andere online Video-Plattformen deutlich befördert. Es finden sich im Internet zu allen möglichen Themen Erklärfilme, animierte Präsentationen, Aufzeichnungen von Vorträgen oder Interviews, die kostenfrei einen ersten interessanten Einblick, zum Teil auch sehr detaillierte Hintergrundinformationen liefern.

Online-Kursanbieter (z.B. Udacity, Udemy, Coursera, LinkedInLearning, KhanAcademy usw.) arbeiten ebenfalls intensiv mit dem Medium Video, was die große Verbreitung in Unternehmen als digitales Lernformat erklärt.

Micro Learning / Learning Nuggets

Der Begriff *Micro Learning* bezeichnet keine Lernform im engeren Sinne, sondern ein Lernen in kleinen Lerneinheiten und kurzen Schritten. Die *Mikro-Lerneinheiten* werden in sog. *Learning Nuggets* (Lernhäppchen) verpackt. Learning Nuggets können kurze Erklärfilme sein, Kurzpräsentationen mit Tipps und Tricks oder eine knappe Erklär-, Übungs- und Test-Einheit.

Der Begriff Micro Learning wird auch für das Vorgehen in E-Learning Programmen benutzt, bei dem kleine Informationseinheiten und Testfragen bereitgestellt werden. Je nach Antwort der Lernenden passt das Programm die nächsten Fragestellungen und Fragewiederholungen an die bisher richtig oder falsch beantworteten Fragen an.

Mobile Anwendungen / Apps

Unter diese Kategorie fallen alle mobil, d.h. auf Smartphone oder Tablet verfügbaren E-Learning-Anwendungen. Diese Apps zeichnen sich oft durch sehr spezifische Funktionalitäten und ihre Anpassungsfähigkeit an ein individuelles Lernverhalten aus. Die Apps stellen Informationen zur Verfügung, erinnern Lernende an Aktivitäten, bieten neue Inhalte oder Aktivitäten an und speichern die bereits geleisteten Lernaktivitäten in einer übersichtlichen Form. Über eine interaktive Nutzeroberfläche vermitteln viele Apps den Eindruck der direkten Ansprache der Lernenden. Wesentliches Merkmal dabei ist, dass die Apps auf den mobilen Endgeräten von den Lernenden überallhin mitgenommen werden können und sich so leicht in das tägliche Leben einbinden lassen.

Virtuelle Klassenräume / Webinare

Unter virtuellen Klassenräumen oder *Webinaren* versteht man synchrone Formen des E-Learning, d.h. Lernende und (ggf.) Lehrende schalten sich mit Hilfe einer Software zusammen und können über verschiedene Werkzeuge miteinander kommunizieren und arbeiten. Zu diesen Werkzeugen gehören in der Regel Video- oder Audio-Konferenzen, begleitende Chat-Möglichkeiten, ein interaktives Whiteboard und die Möglichkeit, die Programme eines PCs mit den anderen Teilnehmenden zu teilen, d.h. auch von den anderen PCs aus zu nutzen. In virtuellen Klassenräumen bzw. Webinaren besteht die Möglichkeit, über multimediale Anwendungen Informationen zu präsentieren, es können auch live-Filme gestreamt werden. Lehrende können der Gruppe der Anwesenden Fragen zur Diskussion oder zur Bearbeitung in Kleingruppen stellen (die Gesamtgruppe kann hierfür in kleinere Gruppen aufgeteilt werden), oder die Anwesenden arbeiten gemeinsam an einem Lernprogramm. Um diese Form des synchronen Gruppenlernens erfolgreich zu machen, braucht es einen stabilen Internet-Zugang mit ausreichend Bandbreite und einen souveränen Umgang mit den technischen Möglichkeiten von Seiten aller Beteiligter.

Social Networks / Communities

Social Networks oder *Communities* sind nicht unbedingt Netzwerke, die sich speziell zu Lernzwecken gebildet haben, aber ihre Bedeutung für das (informelle) Lernen wird zunehmend erkannt und genutzt. Auch Chat-Gruppen in Messenger-Diensten wie WhatsApp lassen sich unter den Begriff Social Network fassen. Die Hilfestellungen, Tipps, Tricks und Empfehlungen, die Menschen über ihre Internet-Community *schnell mal so* erhalten, können sehr bedeutsam sein für den individuellen selbstorganisierten Lernprozess. Natürlich gibt es im Netz auch Communities, die sich speziell zum Austausch über bestimmte aktuelle Themen, Aufgaben oder Fragestellungen gebildet haben, bei denen man tatsächlich von einer Learning Community sprechen kann.

Adaptive Learning

Mit dem Begriff *adaptive Learning* ist kein spezielles elektronisches oder digitales Tool gemeint, sondern das Prinzip, dass sich digital verfügbare Lernangebote an die speziellen Bedürfnisse, Lernwünsche oder Fähigkeiten der Lernenden anpassen (lassen). Damit will man Lernenden z.B. ermöglichen, auf Informationen und kurze Lerneinheiten sehr flexibel zugreifen zu können, oder passgenaue Angebote zu erhalten. Diese Angebote z.B. in Form von kurzen Videosequenzen können passgenau während eines Lern- oder Arbeitsprozesses eingeblendet werden, weil Systeme die Daten der Lernenden oder Arbeitenden auswerten. Im Verlauf eines Lernprogramms *erkennt* das System also, was Lernende schon sicher können und wo sie noch Schwierigkeiten haben, und bieten entsprechende

Vertiefungen an. Auch im Verlauf eines Arbeitsprozesses können solche flexiblen Angebote gemacht werden, je nachdem, mit welchen Aktivitäten sich Mitarbeitende gerade beschäftigen Z.B. wird der LKW-Fahrer, der auf seinem Tablet gerade die vollständige Beladung seiner Fracht bestätigt hat, vom System gefragt, ob er mehr über die Zoll-Bestimmungen des Ziellandes seiner Fahrt erfahren möchte. Bei Zustimmung erhält er ein kurzes Learning-Nugget genau zu diesem Themenbereich. Der Zugriff auf solche Informationen oder zu thematisch verwandten Wissens- oder E-Learning-Datenbanken wird auch unter dem Begriff *Learning on demand* geführt, d.h. Lernen dann, wenn der Bedarf entsteht.

Intelligente Lernassistenten

Eng verwandt mit dem Begriff adaptive Learning sind intelligente (oder digitale, d.h. nicht unbedingt intelligente) Lernassistenten. Gemeint sind damit Systeme, die Lernende in Dialogform durch einen Lernprozess begleiten, indem sie (mündlich oder schriftlich) Fragen beantworten, und die Lernenden an Termine und Lernpensum erinnern. So wie man sich im Alltag von *intelligenten* Sprachassistenzsystemen wie Siri oder Alexa unterstützen lassen kann, bieten in Lernprogrammen ähnliche Assistenten teils gestützt auf künstliche Intelligenz, teils nach einfacheren Algorithmen programmiert (wie beim adaptive Learning) Empfehlungen oder Informationen oder Erinnerungen an.

Web based Trainings

Web based Trainings (WBT) sind eine schon länger etablierte Form des digital unterstützten Lernens und eine Weiterentwicklung des computerbasierten Lernens (CBT). Nachdem sie Ende des letzten Jahrhunderts die verbreitetste Form des E-Learning darstellten, haben sie stark in ihrer Beliebtheit nachgelassen, da sich andere flexiblere Angebote etablierten. Als Web based Trainings werden in der Regel vorbereitete Lernprogramme bezeichnet, auf die Lernende – als Einzellernende – über das Internet zugreifen können. Die behandelten Inhalte können über unterschiedlichste multimediale Angebote und eigens hergestellte oder im Netz vorhandene Informationsquellen veranschaulicht werden, so dass Lernende nicht nur einem fest vorgegebenen Lernweg folgen müssen, sondern durchaus aus einer Vielzahl an Angeboten wählen können. Ergänzend kann es auch Tutor:innen geben, die von den Lernenden im Verlauf des Trainings angeschrieben werden können, und die in Form von Chats für einen Austausch zur Verfügung stehen. Diese Form von WBTs werden als moderiertes WBT bezeichnet.

Simulationen

Wie im Abschnitt Medien beschrieben, stellen *Simulationen* ein sehr wirkungsvolles Instrument dar, um Zusammenhänge und Prozesse nachvollziehbar darzustellen; sie erlauben es Lernenden, auf die Prozessparameter aktiv einzuwirken und die Reaktionen zu erleben. Computerprogramme bieten sich für Simulationen insbesondere an, weil sie flexibel programmiert werden können und über ein grafisches User-Interface die Auswirkungen anschaulich und durchaus realitätsnah darstellen können (Beispiele sind z.B. Fahr- oder Flugsimulatoren). Hier lassen sich Situationen und Abläufe darstellen, die in der Realität nicht oder nur mit großem Aufwand nachstellbar sind. Über Augmented-Reality- oder Virtual-Reality-Anwendungen lassen sich Simulationen noch erfahrungsnäher und lebensechter darstellen und erleben.

Augmented Reality

Unter *Augmented Reality (AR)* versteht man eine Erweiterung der Realität oder besser der Realitätswahrnehmung mit Hilfe von IT-Anwendungen. In der Regel bedeutet das eine visuelle Erweiterung der Realitätswahrnehmung über Informationen oder Darstellungen, die auf mobilen Endgeräten (Tablets, Mobiltelefonen, Datenbrillen) zusätzlich zum Abbild der Realität eingeblendet werden. Augmented-Reality-Anwendungen können in fast allen Arbeits- und Lebensbereichen eingesetzt werden. Sie haben nicht nur Lernzwecke, sondern werden auch zur Vereinfachung des Arbeitens eingesetzt. Beschäftigte in der Produktion, Konstruktion, Wartung oder auch in der Medizin können z.B. über Datenbrillen Informationen erhalten für die nächsten Arbeitsschritte, die sie ausführen müssen. Oder die Anwendung *beschriftet* die sichtbaren Komponenten eines komplexen Systems mit den jeweiligen Bezeichnung oder sie zeigt sogar nicht sichtbare Teile eines Systems an, wenn dieses System vorher von der Anwendung entsprechend erfasst wurde (z.B. wurde der Aufbau einer Maschine oder eines Motors im System hinterlegt, oder über Röntgenaufnahmen wurde der genaue Aufbau eines Körperteils untersucht und wird dann künstlich während einer Operation für die Ärzte sichtbar gemacht). Verbreitet sind auch Informationseinblendungen in Museen, wenn ein bestimmtes Exponat von der Handykamera erfasst wird, oder bei der Navigation. Eine weitere AR-Möglichkeit ist die Darstellung von Texten in einer anderen Sprache, wenn der Originaltext mit Hilfe der entsprechenden Übersetzung-App und der Handy-Kamera fokussiert wird. Natürlich gibt es auch Spiele, die sich die Möglichkeiten der erweiterten Realität zu Nutze machen. Zum Lernen bieten AR-Anwendungen großes Potenzial im Hinblick darauf, Hintergrundinformationen, Hinweise oder auch Fragen situationsbezogen und auf Wunsch der Lernenden zur Verfügung zu stellen.

Lernumgebungen in virtuellen 3-D-Welten

Virtuelle Welten oder gar virtuelle 3-D-Welten sind eine Weiterentwicklung der Simulationen und stellen Situationen grafisch als Film auf einem Display dar.
Virtuelle 3-D-Welten können nicht nur Einzelpersonen in eine andere Umgebung versetzen, so dass sie das dort Vorfindliche erkunden und *ausprobieren* können, auch mehrere Personen können in solchen Umgebungen zusammenkommen und kollaborieren. Vertreten werden die einzelnen Teilnehmer:innen dann von virtuellen (aber lebensecht nachgestellten) Figuren, sog. Avataren, die in der Welt miteinander in Interaktion treten. Virtuelle Treffen, um sich zu besprechen und Infos und Erfahrungen auszutauschen oder auch Präsentationen von ebenfalls virtuell dargestellten Visualisierungen oder ganzen Produkten sind damit audiovisuell ansprechend möglich. Problematisch bleibt noch die benötigte technische Bandbreite für solche Anwendungen.

Messaging Dienste

Ursprünglich nicht als Lernformat entwickelt und auch nicht explizit als Lernformat genutzt, helfen Messaging Dienste aber sehr effektiv dabei, Lernende in Kontakt zu bringen, zu halten und den Austausch über ein Präsenzseminar hinausgehend zu organisieren – und zwar in einer digitalen App, mit der alle Lernenden sehr vertraut sind. Die Nutzung etablierter Messaging Dienste oder die Kommunikation über eigens fürs Lernen eingerichteter Dienste ist im Rahmen des Blended Learning sehr verbreitet. Viele digitale Lernplattformen bieten integrierte Chat- und Austausch-Anwendungen an. Über Messaging Dienste werden auch thematische Informationen z.B. als Videoclips oder als Link zu weiteren Websites zur Verfügung gestellt.

Serious Games

Mit diesem Begriff werden wörtlich übersetzt ernsthafte digitale Spiele bezeichnet, die nicht in erster Linie der Unterhaltung und dem Zeitvertreib dienen, sondern auch ein Lernziel verfolgen, d.h. Informationen vermitteln oder Erkenntnisse ermöglichen wollen. Informationen oder Zusammenhänge werden in spielerischer Form dargestellt und interaktiv von den Lernenden erarbeitet. Ein häufig anzutreffendes Element solcher Spiele ist der Wettbewerb, d.h. ein Vergleich mit eigenen früheren Leistungen oder mit den Leistungen anderer Lernender. Der Einsatz von Serious Games wird häufig mit dem Ziel der Motivationssteigerung begründet.

Wikis

Wikis sind Webseiten, die von den Besucher:innen nicht nur gelesen, sondern auch erstellt und bearbeitet werden können. Im Lernkontext haben sie in der Regel das Ziel, Erfahrungen auszutauschen und Vorwissen, bzw. neu erworbenes Wissen mit anderen Lernenden zu teilen, sodass eine Wissensdatenbank oder eine Art Enzyklopädie entsteht. Das bekannteste Wiki ist schließlich auch die Online-Enzyklopädie Wikipedia.

Welches Potenzial bietet digitales Lernen?

Die Frage nach dem Potenzial digitaler Lern- und Unterstützungsformen soll anhand einiger grundsätzlicher Überlegungen und einiger Thesen beleuchtet werden.

Lernen funktioniert im digitalen Raum nicht grundsätzlich anders als im analogen Raum
Lernen bleibt auch mit Hilfe digitaler Lern- und Unterstützungsformen grundsätzlich der gleiche psychologische Prozess. Die Vorstellung eines gelingenden Prozesses des Handlungslernens – und damit des Lernens von Handlungskompetenzen – wird im Lernprozessmodell von Kolb dargestellt. Danach setzt sich das Lernen von Handlungskompetenzen aus *Phasen der Aktion,* d.h. des Ausprobierens und Erfahrungen-Machens, sowie aus *Phasen der Reflexion,* d.h. des nachdenkenden Beobachtens der gemachten Erfahrungen und des Schlüsse-Ziehens und Verallgemeinerns, zusammen. Um das Potenzial digitaler Anwendungen für diesen Prozess beurteilen zu können, muss man sich die Funktionalitäten der digitalen Tools im Einzelnen ansehen, um herauszufinden, welche Schritte im Lernprozess dadurch unterstützt werden. Oft werden digitale Lernangebote aber nicht so genau untersucht und von Anbietern auch nicht in dieser Differenziertheit vorgestellt. Lehrende, die digitale Angebote aber gezielt einsetzen und kombinieren wollen, sollten sich genauer damit auseinandersetzen.

DIGITALE FORMATE	FUNKTIONEN DIGITALER MEDIEN BEIM LERNEN
FUNKTIONEN FÜR DAS INDIVIDUELLE LERNEN	
E-books, Videos/Filme, Augmented Reality, Internet, Hörbücher, Podcasts, Blogs, Wikis, CBTs/WBTs, MOOCs uvm.	Informationen individuell verfügbar machen
CBTs/WBTs, Simulationen, Serious Games, Lernplattformen, Apps	Lern-Aufgaben individuell verfügbar machen und Bearbeitung dokumentieren
Virtual Reality, CBTs/WBTs, programmierte Simulationen, Serious Games, Lernplattformen	Übungs-/Anwendungsmöglichkeiten individuell verfügbar machen
Lernplattformen, Apps, E-Lerntagebücher, E-Notizbücher	Individuelle Lernfragen dokumentieren
E-Notizbücher, E-Lerntagebücher, E-Portfolios, Tracking bzw. Speicher-Funktionen von Apps	Individuelle Lernergebnisse festhalten/ dokumentieren
FUNKTIONEN FÜR DAS GRUPPENLERNEN	
Virtual Classroom-/Webinar-Systeme, Video/Audio-Konferenzsysteme	Synchrone mündliche Kommunikation zwischen Lernenden und Lehrenden ermöglichen
Chat, E-Mail, Messaging-Dienste	Synchrone schriftliche Kommunikation ermöglichen
Foren, Mikro-Blogging, E-Mail, Messaging-Dienste	Asynchrone schriftliche Kommunikation ermöglichen
Gemeinsame Dokumenten-Ablage, Lernplattformen, E-Mail, Messaging-Dienste, Social Media Angebote, live Video-Streaming	Dokumentierte Informationen austauschen
Virtual Classroom, Video/Audio-Konferenzsysteme, kollaborative Dokumente, Lernplattformen	Aufgabenstellungen in einer (räumlich getrennten) Gruppe bearbeiten
Gemeinsame Dokumenten-Ablage, Lernplattformen, E-Mail, Messaging-Dienste, Social Media Angebote, live Video-Streaming	Im Lernprozess entstandene und dokumentierte Informationen (Lernfragen, Lernergebnisse, Erfahrungen) austauschen

Abb. 8: Funktionalitäten digitaler Lernformate

In der Tabelle 2 werden die (technischen) Funktionalitäten von digitalen Lern- und Unterstützungsformen dargestellt und Tools bzw. digitale Lernformate angegeben, in denen diese Funktionalitäten realisiert sind. Die Funktionalitäten entsprechen den didaktischen Funktionen zur Unterstützung des Lernens.

Aus dieser Übersicht wird deutlich, dass digitale Medien bzw. digitale Angebote

- Informationen (vorbereitete oder im Lernprozess entstandene) anschaulich und multimedial verfügbar machen,
- Kommunikation und Kollaboration zwischen räumlich entfernten Lernenden ermöglichen, sowie
- dabei helfen, den individuellen Lernfortschritt zu dokumentieren und zu analysieren.

Insofern liegen die Potenziale digitaler Lernformate und Unterstützungsformen im Wesentlichen darin,

- dass Informationen in einer sehr anschaulichen, die gesamte natürliche Wahrnehmungsfähigkeit von Menschen ansprechenden Weise verdeutlicht und damit erfahrbar werden (Stichwort: Multimedia, Virtual Reality),
- dass eine extrem große Informationsvielfalt zeit- und ortsunabhängig für Lernende verfügbar ist,
- dass ein gemeinsames Lernen, d.h. die Kommunikation und Kollaboration über räumliche Distanzen und auch zeitlich flexibel ermöglicht oder erleichtert wird.

Natürlich sind diese Potenziale in anderen Lernformen ebenfalls weitgehend, zum Teil noch besser realisierbar: Eine lebensechte Wahrnehmung wird durch Lernen und Arbeiten in realen Anwendungssituationen ermöglicht. Gemeinsames Lernen ist in der Präsenz-Veranstaltung sogar intensiver möglich, als in einem virtuellen Klassenzimmer, oder per Video-Konferenz. Allerdings bieten digitale Medien und Anwendungen Erleichterungen, wenn diese *Idealformen* des Lernens nicht möglich sind. Um sich die zeit- und kostenintensive Anreise zu einem Seminar zu ersparen, nutzen Lernende ein virtuelles Klassenzimmer. Wenn das Entdecken und Experimentieren an realen Arbeitsmaschinen nicht möglich ist (weil sie nun mal im Arbeitsprozess gebraucht werden), können virtuelle Simulationen die Echtmaschine ersetzten und sogar noch Zusatzinformationen liefern, die fürs Lernen sehr wertvoll sind. Insofern steht hinter der vermehrten Nutzung digitaler Anwendungen fürs Lernen sicher auch der Wunsch nach einer Ökonomisierung des Lernens: Mehr soll in kürzerer Zeit, mit weniger Reise-, Abwesenheits- und Kostenaufwand gelernt werden.

In der Abwägung des Einsatzes digitaler oder klassischer, analoger Lernformen stellt sich also die Frage, wie sich digitale Lernangebote und traditionelle Lernformen zueinander verhalten und wie sich ihre Kombination in Zukunft wohl entwickeln wird. Dazu einige Erkenntnisse aus Praxisprojekten, die sich mit dem Einsatz digitaler Lernformen und Medien beschäftigt haben.[23]

Neue digitale Unterstützungsangebote müssen als ökonomischste und effektivste Form der Lernunterstützung wahrgenommen werden. Ansonsten gibt es Ausweichbewegungen auf vertraute Tools oder Lernformen.

Wenn z.B. der Austausch von Dokumenten über die Lernplattform Moodle nicht reibungslos klappt, behelfen sich Lernende mit dem etablierten E-Mail-Programm. Wenn der Einstieg in die Plattform nicht klappt, oder mühsam ist und der Zusatznutzen der Funktionalitäten der Lernplattform (noch) nicht klar ist, werden andere Wege des Austauschs genommen.

Lernende, die mit digitaler Unterstützung alleine lernen, wünschen sich eine Anbindung an Gruppenlernangebote und einen Austausch über ihr Lernen.

Werden ergänzend zu Präsenzveranstaltungen auch Apps oder andere Selbstlernangebote gemacht, in denen die Lernenden alleine lernen, wünschen sie sich die Möglichkeit, sich über ihre Erfahrungen auszutauschen. Dieses Bedürfnis nach Austausch und einer Rückmeldung zu den eigenen Lernerfahrungen besteht auch, wenn Lernende sich mit Hilfe von nicht-digitalen Tools individuell mit Themen beschäftigen. Das gemeinsame Reflektieren

[23] Die Erkenntnisse stammen unter anderem aus den Projekten ELSa – Erwachsenenlernen in Selbstlernarchitekturen (Laufzeit 2016-2018, www.gab-muenchen.de/elsa) sowie DiMAP – Digitale Medien in der generalistischen Pflegeausbildung – Schwerpunkt Altenpflege (Laufzeit 2016-2018, www.gab-muenchen.de/dimap)

des Vorgehens und der Lernerfahrungen kann den Wert des digital unterstützen Alleine-Lernens und seiner Ergebnisse unterstreichen und eine Verbindlichkeit dieses Lernens erhöhen.

Digitale Arbeitsmedien werden beim selbstorganisierten, arbeitsintegrierten Lernen zu Lernmedien.

Viele digitale Medien und Instrumente, die ursprünglich als Arbeits- und Kollaborationsmedien entwickelt wurden, entfalten ihre Wirkung (natürlich) auch bei der Unterstützung von arbeitsintegrierten oder arbeitsnahen Lernprozessen. Hier werden sie genutzt, um Informationen zu recherchieren (Internet, Intranet, gemeinsame Dokumentenablage), relevante Informationen und eigene Erkenntnisse strukturiert festzuhalten (digitale Notizbücher, Website-Organizer), eigene Lernaufgaben zu planen und zu organisieren (Outlook, Aufgaben-Funktion, Organizer) und natürlich auch, um sich mit anderen auszutauschen (E-Mail, Chat, Messaging Dienste).

Über digitale Medien vermittelte Kommunikation kann die persönliche Kommunikation zwischen Lernenden und Lehrenden sinnvoll ergänzen, wird sie aber nicht ersetzen.

Lernende nutzen bereitwillig die Möglichkeiten der digitalen Kommunikation, wenn sie die einzige Möglichkeit ist, um Kommunikation überhaupt zu ermöglichen, oder wenn sie für die mit dem Austausch verfolgten Ziele ausreichend erscheint. Zugleich erkennen und schätzen Lernende die Qualität der persönlichen Kommunikation für ihren Lernprozess und sind auch bereit, in diese Art der Kommunikation zu investieren.

Das Verhältnis von digitalen zu analogen Lernformen kann als disruptiv aber komplementär beschrieben werden.

Digitale Gestaltungselemente und Unterstützungsformen haben das Potenzial, Lerngewohnheiten radikal zu verändern. Aufgrund der Möglichkeit, von überall auf relevante Informationen oder Lernangebote zugreifen zu können, diffundieren z.B. Lernphasen in Arbeits- und Freizeitphasen hinein. Ein räumlich und zeitlich gebündeltes Lernangebot (z.B. Seminar) zur Informationsvermittlung muss es also nicht mehr zwangsläufig geben. Zugleich werden persönliche Treffen und Gespräche zum ungestörten Austausch und zur Reflexion von Lernerfahrungen nicht aussterben.

Wie werden digitale Lernangebote geplant?

Zur Planung von digitalen Lernangeboten sind grundsätzlich die gleichen Überlegungen notwendig, wie beim klassischen Präsenz-Lernen (siehe die Planungsschritte unter 2.). Die angestrebten Lernergebnisse und auch die Lerninhalte werden noch unabhängig vom Einsatz digitaler Medien oder Lernformate festgelegt. Erst bei den Planungsschritten 3: Auswahl der komplexen Handlungsaufgabe inkl. vorbereitender Aufgaben und 4: Planung des methodischen Arrangements wird überlegt, wie digitale Lernformate und Angebote einbezogen und genutzt werden können. An folgenden Fragestellungen können sich die notwendigen Überlegungen und Planungen orientieren:

- Welche Elemente (z.B. Präsenzveranstaltungen, Webinare, virtuelle Lerngruppentreffen, individuelle digital unterstützte Arbeitsphasen, usw.) soll meine Lernveranstaltung grundsätzlich umfassen? Welche didaktischen Ziele werden durch die einzelnen Elemente verfolgt (z.B. individuelle Wissensaneignung oder -vertiefung, Kollaboration zwischen Lernenden anhand einer konkreten Arbeitsaufgabe/für ein bestimmtes Praxisprojekt, Erfahrungsaustausch zwischen Lernenden, individuelle Lernbegleitung durch eine/n Lernbegleiter:in oder Tutor:in)?
- Welche (vorbereitenden) Aufgaben sollen außerhalb einer Präsenzveranstaltung in welcher kooperativen Form (alleine, in Paaren, in Kleingruppen, in der Gesamtgruppe) bearbeitet werden? Welche digitalen Kommunikations- und Kollaborationsmedien werden dafür benötigt?
- Ein Aspekt der vorherigen Fragestellung ist auch: Welche Wissensinhalte sollen sich die Lernenden individuell erarbeiten? Wie können diese mit Hilfe von digitalen Medien aufbereitet und räumlich verteilten Lernenden zugänglich gemacht werden?
- Auf welche Form der tutoriellen Unterstützung sollen Lernende beim individuellen Lernen zurückgreifen können (z.B. Austausch mit einer/einem Lernbegleiter:in in moderierten Lerngruppen zu festgelegten Zeitpunkten oder 1:1-Kontakt mit einer/einem Lernbegleiter:in bei Bedarf)?

- Welche Lernsequenzen müssen ggf. eingeplant werden, um Lernende mit neuen digitalen Unterstützungsformen und Medien vertraut zu machen?
- Wie können Lernergebnisse, die in individuellen digital unterstützten Lernsequenzen von den Lernenden erarbeitet wurden, einer Lernerfolgskontrolle unterzogen werden?

3.8 Wie erstelle ich einen sinnvollen Zeit- und Ablaufplan?

Alle bisherigen Detail-Planungen und Entscheidungen sollten in einer übersichtlichen Form zusammengestellt werden. Die chronologisch aufgebaute Ablaufbeschreibung der Lernveranstaltung wird als Ablaufplan oder auch Strukturplan bezeichnet. Dieser Plan enthält detailliert alle für die Durchführung des Seminars oder des Unterrichts relevanten Informationen. Ein passendes Muster für einen solchen Ablauf- oder Strukturplan zeigt die folgende Tabelle.

Im Zeit- und Ablaufplan müssen auch Seminarsequenzen berücksichtigt werden, die keinen inhaltlichen Fokus haben. Dazu gehören die Vorstellung- und Einstiegssequenzen zu Beginn der Lernveranstaltung und zu Beginn eines neuen Tages bzw. Termins, die Abschluss- und Feedbacksequenzen zum bisherigen Seminarverlauf und natürlich die Pausen und ggf. Energizer oder Auflockerungsspiele, um über Müdigkeitsphasen hinwegzuhelfen.

Titel der Lernveranstaltung:

Angestrebte Lernergebnisse

Die TN sind in der Lage ...

Methodische Grundausrichtung:

- Zentrales Element sind Rollenspiele (RS) zu Praxissituationen, die von den Teilnehmer:innen als herausfordernd erlebt werden
- Hintergrundinformationen werden anhand der RS verdeutlicht und konkretisiert

ZEIT / DAUER	LERNZIEL Angestrebtes Lernergebnis	INHALTE	METHODEN Mit Ablaufbeschreibung	MEDIEN / MATERIAL	BEMERKUNGEN

Abb. 9: Muster für einen Ablauf- oder Strukturplan für eine Lernveranstaltung

In dieser Tabelle kann für jeden einzelnen Vorgehensschritt notiert werden, welche Ziele damit verfolgt werden, welche Inhalte erarbeitet werden und wie die Lehr-Lerninteraktion aussieht, d.h. wie sie methodisch und medial gestaltet ist. Dieser Plan mit Angabe von Zeiten oder Zeiteinheiten kann Lehrenden in der Lernveranstaltung als sehr konkrete Leitlinie für das eigene Tun dienen. Ob es im Plan eine Spalte für Bemerkungen gibt, ist jeder bzw. jedem Lehrenden freigestellt. Wie detailliert ein solcher Plan beschrieben ist, hängt von individuellen Vorlieben und zu einem großen Teil von der individuellen Erfahrung ab.

Eine Frage, die sich vor allem unerfahrenen Lehrenden stellt, ist die nach der konkreten zeitlichen Planung: Wie viel Zeit nehmen einzelne methodische Schritte in einem Seminar denn tatsächlich in Anspruch? Wie lange brauchen meine Lernenden für einen bestimmten Arbeitsauftrag? Um die Zeitdauer abschätzen zu können, die einzelne Lern- und Arbeitssequenzen brauchen, geben die allermeisten Methodenbeschreibungen eine grobe zeitliche Orientierung. Die Arbeitsdauer wird aber maßgeblich durch die Lernenden beeinflusst, durch ihre Diskussionsfreude, ihre Akribie in der Zusammenarbeit oder auch durch Meinungsverschiedenheiten bei gemeinsamen Arbeitsaufträgen. Über klare Vorgaben für die Bearbeitung der Aufträge, ggf. rigorose Zeitvorgaben und klare Diskussionsregeln haben Lehrende Steuerungs- und Einflussmöglichkeiten auf den zeitlichen Umfang von Seminarsequenzen. Folgende Hinweise können helfen, ein Seminar zeitlich realistisch zu planen:

Zur Planung sollte man sich jeden einzelnen Schritt im Seminar bewusst machen und bei der zeitlichen Planung berücksichtigen. Was bei den ersten Lernveranstaltungen sehr mühsam zusammenzustellen ist, gelingt bei späteren Planungen routiniert. Beim Einstieg in eine Lernveranstaltung mit einer neuen Gruppe kommen z.B. folgende Schritte (nicht unbedingt in dieser Reihenfolge) vor: Begrüßungsworte, Vorstellung der eigenen Person, Vorstellungsrunde der Teilnehmenden, Erwartungs- bzw. Bedarfsabfrage, Vorstellung der Agenda, Klärung des organisatorischen Rahmens (Pausenzeiten, ggf. Infos über das Seminarhaus), Vereinbarung von Seminarregeln, Klärung offener Fragen. All diese Schritte müssen noch vor der eigentlichen Bearbeitung des inhaltlichen Themas sowohl methodisch als auch zeitlich eingeplant werden. Selbst für ein eintägiges Seminar sollte man sich dafür mindestens 45 bis 60 Minuten Zeit nehmen.

Zeiten für Gruppenarbeiten richten sich nach der Komplexität des Arbeitsauftrags. Die Komplexität des Arbeitsauftrags variiert danach, wie viel Informationen die Lernenden ggf. sichten müssen, wie viele Fragen sie bearbeiten und was sie als Ergebnis erstellen sollen oder ob Diskussionsergebnisse aufwändig visualisiert werden sollen. Natürlich hängt der Zeitaufwand auch davon ab, ob die Gruppen zu einem vollständigen Ergebnis kommen sollen (z.B. weil arbeitsteilig gearbeitet wird und die Gruppenergebnisse den anderen Teilnehmer:innen anschließend im Plenum vorgestellt werden), oder ob die Lernenden nur einen ersten Eindruck von der gestellten Aufgabe erhalten oder in Form eines Brainstormings erste Ideen generieren sollen. Im Ablaufplan sollte auch berücksichtigt werden, dass die Gruppeneinteilung selbst Zeit beansprucht, je nachdem in welcher Weise man sie durchführt (Varianten siehe Werkzeugkoffer) und dass die Lernenden ggf. zur Gruppenarbeit in andere Räume gehen müssen. Eine gewisse Flexibilität bei unterschiedlich schnellen Gruppen bietet die Variante, dass man geplante Pausenzeiten in die Zeitvorgabe einbezieht. Wenn z.B. eine 40-minütige Gruppenarbeit vor dem Mittagessen eingeplant ist, die Präsentation aber erst danach, vereinbart man mit den Teilnehmenden die Uhrzeit, ab wann sich alle nach dem Mittagessen wieder im Seminarraum einfinden für die Präsentationen. Die genaue Zeiteinteilung bis dahin für Arbeit und Mittagessen organisieren die Gruppen dann eigenständig.

Zeiten für Präsentationen z.B. zur Vorstellung von Gruppenarbeitsergebnissen können über mehrere Gestaltungshebel beeinflusst werden: Werden mehr Gruppen gebildet, müssen mehr Präsentationen im Anschluss eingeplant werden. Die Präsentationsdauer kann begrenzt werden. Das sollte schon im Arbeitsauftrag gemacht werden, nicht erst, nachdem die Gruppen ihre aufwändigen Präsentationen erstellt haben. Über alternative Präsentationformate (z.B. Stafettenpräsentation oder Galerie-Methode[24]) können

[24] Stafette: Die Lernenden stehen in gestaffelten Halbkreisen vor der Pinnwand/Tafel und heften ihre vorbereiteten Stichwortkarten nach und nach an. Jede/r hat in der Regel nur eine Karte und muss von Fall zu Fall entscheiden, ob und wie er sich anschließen möchte. angelehnt an: https://www.klippert-medien.de/glossar.
Galerie: Zur Vorstellung der einzelnen Präsentationen werden Gruppen mit unterschiedlichen Verantwortlichen gebildet. Diese Gruppen wandern von Station zu Station. An jeder Station erläutert der jeweilige Spezialist das Lernprodukt seiner Gruppe und stellt sich den Fragen der anderen. Auf diese Weise muss jede/r einmal präsentieren. angelehnt an: https://www.klippert-medien.de/glossar

Vorstellungen von Gruppenarbeitsergebnissen beschleunigt werden. Diskussionen oder Fragen, die durch Präsentationen von Kleingruppenergebnissen ausgelöst werden, können *geparkt* (z.B. Vermerk in einem Themenspeicher) und auf einen anderen Zeitpunkt in der Lernveranstaltung verschoben werden.

Diskussionen und Nachfragen von Lernenden sind schwer im Voraus abzuschätzen. Sie können bewusst initiiert werden durch eine entsprechende (z.B. provokative) Frage, aber sie können nicht beliebig schnell abgebunden werden. Über Moderationstechniken können Lehrende aber sehr wohl den Umfang von Diskussionen im Plenum beeinflussen. Eine Seminarregel könnte auch den Umfang von Diskussionen im Rahmen halten, wenn z.B. vereinbart wird, dass sich die Teilnehmenden gegenseitig darauf aufmerksam machen, wenn ihnen die Diskussion zu ausufernd erscheint. Zu den Teilnehmenden gehört in diesem Fall auch der oder die Lehrende. Um planerisch auf Diskussionen eingestellt zu sein, sollte für die Phase der Auswertung von Gruppenarbeitsergebnissen immer auch etwas Zeit (z.B. 10 Minuten) für Diskussion vorgesehen werden.

Die Geschwindigkeit in Lernveranstaltungen wird durch individuelle Vorlieben und Gewohnheiten der oder des Lehrenden maßgeblich beeinflusst. Hier wirkt sich z.B. aus, ob Lehrende ausführlich bis ausschweifend erzählen oder gerne auf den Punkt kommen, ob sie Beiträge von Lernenden kommentieren oder diese unkommentiert stehen lassen, oder ob sie Lernenden für Gruppenarbeiten nach Bedarf Zeit geben, oder auf die Einhaltung der Zeitvorgabe drängen.

Der Zeitplan ist eine Orientierung, er muss nicht sklavisch eingehalten werden. Wenn man eine Lernveranstaltung mehrfach durchführt, wird man bemerken, dass einzelne Sequenzen bei unterschiedlichen Gruppen unterschiedlich lange dauern. Wenn das gesamte Seminar aber zeitlich klappt, scheint auch die zeitliche Planung grundsätzlich passend zu sein.

Teil 4

Wie kann ich **Lernprozesse in Gruppen begleiten?**

Im Rahmen von kompetenzorientierten Lernveranstaltungen kommt den Lehrenden nicht ausschließlich die Rolle einer/eines Lehrenden im herkömmlichen Sinn zu. Im Gegenteil, der Schwerpunkt der Aufgaben verlagert sich weg von Präsentation und Darstellung von Lerninhalten hin zu Gesprächsführung, Führung der Gruppe und Klärung der Rahmenbedingungen für das Lernen. Als Begleiter:in von Lerngruppen übernimmt man also die Aufgaben einer/eines Moderator:in.

4.1 Warum ist Lernen in der Gruppe wichtig?

Lernen ist ein sozialer Prozess. Das Lernen in der Gruppe bleibt dennoch ein aktiver Eigenprozess: Auch in der Gruppe *kann niemand gelernt werden*[25]. Das soziale Umfeld kann aber Anreize und Inspirationen für den eigenen Lernprozess bieten und so oft nachhaltige Lernerlebnisse ermöglichen.[26]

Als Besonderheit des Gruppenlernens wird immer wieder hervorgehoben, dass es die Lernmotivation steigert. Mit Hilfe der Selbstbestimmungstheorie der Motivation nach Deci & Ryan (1993) kann die Bedeutung des Gruppenlernens als Motivationsfaktor für das Lernen differenzierter begründet werden: Gelingendes Gruppenlernen erfüllt die menschlichen Bedürfnisse nach

- sozialer Eingebundenheit,
- Kompetenzerleben sowie
- Autonomie.[27]

Durch gemeinsam erledigte Aufgaben, überstandene Krisen oder Probleme entsteht ein Zusammenhalt in der Gruppe, der den Wunsch nach sozialer Eingebundenheit erfüllt. Individuelle Lernende erfahren durch das Feedback der Gruppe sowie die Interaktion in der Gruppe auch etwas über die eigene Wirksamkeit und Selbstbestimmung. Beispielsweise durch das Vorstellen und die gemeinsame Diskussion von selbst erarbeiteten oder recherchierten Erkenntnissen können Lernende erleben, dass sie etwas geschafft haben, ein Ergebnis erarbeitet haben, das andere auch hilfreich finden. Die Rückmeldung zum eigenen erfolgreichen Handeln kommt nicht aus dem Arbeitsergebnis und aus der eigenen Einschätzung des Arbeitsergebnisses allein, sondern wird durch das – idealerweise authentisch wertschätzende – Feedback der Lerngruppe verstärkt. Dadurch wird Selbstwirksamkeit in hohem Maße spürbar. Solche Erfahrungen kommen dem individuellen Bedürfnis nach Autonomie entgegen und lassen Individuen Eigenständigkeit und Selbstbestimmtheit erleben.

Das Lernen in der Gruppe bietet die Chance, das individuell Erlernte im Austausch mit anderen zu überprüfen und zu festigen. Neu entwickelte Gedanken und Ideen der/des Einzelnen können *getestet* und ggf. weiterentwickelt werden. Indem Lernende den eigenen Standpunkt zu Themen und Ideen ausführen und in Diskussionen begründen, vertiefen sie ihr Verständnis des Gelernten und Erfahrenen.[28] Dadurch werden in (Lern-)Gruppen neue Perspektiven sichtbar und Impulse für den individuellen Lernprozess aufgenommen.

Aus der Gruppe heraus entstehen also neue Ideen, die das Individuum alleine nicht entwickelt hätte. Es entsteht eine neue Vielfalt. Dadurch lernt aber nicht nur das Individuum, sondern auch die Gruppe als Ganze. Es ist eine große Chance von Gruppenlernprozessen, dass gemeinsame Ergebnisse entstehen, die mehr sind als nur die Summe aller Einzelergebnisse.

Darüber hinaus ermöglicht Gruppenlernen Lernerfahrungen, die nur in der Gruppe, durch die soziale Interaktion, möglich sind - wie zum Beispiel Planspiele oder künstlerische Übungen.

[25] GAB München, 2016
[26] Arnold/Holzapfel, 2008
[27] Deci/Ryan, 1993: S. 22
[28] Friedrich/Mandl, 1997

4.2 Welche Haltung ist für die Moderation von Lerngruppen wichtig?

Für die Moderation von Lerngruppen ist eine dialogische Haltung wichtig, die immer wieder das gemeinsame Ziel sowie die hierfür gemeinsam getroffenen Vereinbarungen zur Zusammenarbeit in den Blick nimmt und anhand dieser – auf Wunsch der Gruppe – steuert bzw. Impulse gibt. Eine dialogische Haltung ist dadurch gekennzeichnet, dass Moderator:innen die Individualität jedes einzelnen Gruppenmitglieds und dessen Grundbedürfnis nach Selbstbestimmung respektieren und zu jeder Zeit wahren. Eine Person, die dialogisch vorgeht, erkundet gemeinsam mit allen Gruppenmitgliedern ihre Anliegen und Ziele für eine Zusammenarbeit. Sie geht auf die unterschiedlichen Bedürfnisse und Anliegen ein und offen mit ihnen um. Sie vermeidet Entscheidungen (aus einer ‚Machtposition' heraus) über den Kopf der Gruppenmitglieder hinweg. Sie verabredet gemeinsame Abläufe und Regeln und achtet auf deren Einhaltung.[29]

Die dialogische Haltung der Moderation in Gruppenlernprozessen kommt der Haltung während einer Lernprozessbegleitung in vielem nahe. Besteht die Haltung in der Lernprozessbegleitung vor allem in einer bestimmten Beziehung, in die sich Lernprozessbegleitende zu dem/der Lernenden und ihrem/seinem Lernprozess begeben, so lässt sich dieses ebenso auf die Gruppe übertragen. Die Beziehung von Moderierenden und Lernenden ist von Partnerschaftlichkeit, Respekt und Vertrauen in die Gruppe geprägt. Die Lernenden und ihre Anliegen stehen im Zentrum. Der/Die Moderator:in nimmt die einzelnen Lernenden in ihrer Individualität ernst und begegnet ihnen auf Augenhöhe.

Die Moderation betrachtet die Lernenden als Expert:innen für ihre jeweilige Situation und ihre Lernbedarfe und unterstützt jede/n Einzelne:n dabei, diese Expertise in den Gruppenprozess einzubringen. Dabei vertraut sie in besonderem Maße auf die Selbstregulationskräfte in der Gruppe und gibt dem Gruppen(lern)prozess Raum, sich zu entfalten. Dazu gehört das Vertrauen, dass es der Gruppe selbst gelingt, eigene Lösungen für die zur Diskussion stehenden Fragen und Herausforderungen zu erarbeiten.

Der Moderator/die Moderatorin belehrt nicht, sondern beobachtet, stellt Fragen, fasst Ergebnisse zusammen, gibt Orientierung im Verlauf des Prozesses und achtet darauf, dass alle Gruppenmitglieder in gleicher Weise in den Prozess eingebunden sind. Er/Sie übt sich in Zurückhaltung und reflektiert vor jeder Intervention, in wie weit diese den Lernenden, der Gruppe und dem Lernprozess dient.

Damit dies gelingt, bleibt der/die Moderator:in stets ergebnisoffen und stellt sich mit der Moderation in den Dienst der Gruppe. Er/Sie hält sich mit eigenen Meinungen und Zielsetzungen im Bewusstsein zurück, dass der Gruppen(lern)prozess nur dann erfolgreich ist, wenn die Gruppe ihren eigenen Weg gestalten und finden darf. Die Rolle der Moderation ist es, die Gruppe vor allem durch offenes Fragen, aktives Zuhören, Spiegeln, Paraphrasieren, aber auch durch das Zusammenfassen von Ergebnissen zu unterstützen, zu neuen Lösungen zu kommen.

Moderator:innen lassen sich, wie auch Lernprozessbegleiter:innen, in ihrem Handeln von der Überzeugung leiten, dass auch jeder Gruppen(lern)prozess seinen eigenen Gesetzmäßigkeiten folgt, seine Zeit braucht, und immer wieder auch durch krisenhafte Verläufe und Phasen geprägt sein kann.

Die Moderation bringt allen Gruppenmitgliedern unbedingte Wertschätzung und Empathie entgegen und bleibt allen Teilnehmenden gegenüber neutral und in gleicher Weise offen.

Selbstreflexion der Haltung

Eine besondere Herausforderung bei der Moderation von (Lern-)Gruppen ist es, die eigene Meinung zurückzuhalten und die Gruppenmitglieder dabei zu unterstützen, eigene Lösungen und Ideen zu entwickeln. Dies erfordert ein hohes Maß an Zurückhaltung bei der Begleitung von (Lern-)Gruppen. Es hilft, das eigene Handeln als Moderator:in regelmäßig zu reflektieren. Dabei unterstützen folgende blicklenkende Fragen:

[29] Vgl. Maurus et al., 2016

- Kann eine Frage aus der Gruppe statt durch mich auch von einem Mitglied der Gruppe beantwortet werden?
- Kann ich auf einen Vortrag verzichten und stattdessen die Teilnehmer:innen aktiv entdecken und präsentieren lassen?
- Kann ein Gruppenmitglied an meiner Stelle Plenumsbeiträge mitvisualisieren?
- Kann ich mich davon befreien, (allein) für die Lösung von Konflikten verantwortlich zu sein?
- Erkenne ich Selbstregulierung und Lösungsstrategien der Gruppe, und kann ich sie akzeptieren?
- Wie verhalten sich die Bedürfnisse der Gruppe zu meinen Zielen?
- Was lerne ich als Teil eines lernenden Systems in und von dieser Gruppe?
- Woran merke ich in dieser Gruppe, dass sie vorankommt?
- Woran merke ich in dieser Gruppe, dass etwas nicht stimmt?
- Habe ich in meiner Planung einen guten Wechsel von verschiedenen Arbeitsformen und Gruppenzusammensetzungen berücksichtigt?

4.3 Welche wesentlichen Aufgaben hat die Moderation?

Lernen in der Gruppe ist in der Regel aufwändig: Sowohl im Hinblick auf die Zeit, die die Abstimmung und Koordination unter mehreren Personen erfordert, aber auch im Hinblick auf Kosten und Aufwände, die z.B. für die Anreise zu einer Präsenzveranstaltung erforderlich sind. Deshalb muss Gruppenlernen effektiv gestaltet sein. Der Mehrwert muss für die Lernenden erlebbar werden. Das stellt besondere Anforderungen an die Moderation und Begleitung von Gruppen(lern)prozessen. Es ist wichtig, dass Gruppenlernen Sinn stiftet bzw. muss es möglich sein, dass Sinn in der Gruppe generiert wird. Die Moderation ist verantwortlich für den Rahmen und den Prozess des Austauschs, nicht aber für (Lern-)Ergebnisse der Gruppe oder der einzelnen Mitglieder.

Moderierte Gesprächsführung heißt, dafür zu sorgen, dass das Gespräch unter Beteiligung aller zu einem inhaltlichen Ergebnis kommt, zu dem jede/r das beitragen kann, was er/sie beizutragen vermag. Ein/e Moderator:in der Lerngruppe muss der Gruppe helfen, möglichst arbeitsfähig zu sein. Beim Moderieren geht es im Kern darum, die Überlegenheit einer gemeinsamen Erarbeitung (das Gruppenergebnis ist mehr als nur die Summe der Einzelergebnisse) möglichst voll zum Tragen zu bringen, ohne dass dies durch Probleme der Zusammenarbeit blockiert wird.

Zweifellos steigt die Qualität des Lernens in der Gruppe, wenn es gelingt, alle betroffenen bzw. relevanten Standpunkte und Sichtweisen zu hören und einzubeziehen, und wenn sich die individuellen Standpunkte dabei in einem intensiven Gespräch *aneinander abarbeiten* können. Eine derartige Gruppenleistung ist – im Hinblick auf Qualität und Haltbarkeit des Ergebnisses – besser und auch *effizienter* als jede Einzelleistung, aber auch ungleich mühsamer und schwieriger herbeizuführen. In Gruppen mit sozial gleichen (gleichberechtigten) Mitgliedern tritt schnell der Fall ein, dass die anwesenden Mitglieder aus sich heraus nicht mehr zu einem gemeinsamen Prozess zusammenfinden und ihre Arbeitsfähigkeit einbüßen. Deshalb kann man die (Lern-)Moderationsaufgabe auch so beschreiben:

Es geht darum, einer Gruppe von Einzelpersonen zu helfen, zum fruchtbaren gemeinsamen Lernen zusammen zu kommen, ohne dabei ihre Individualität aufgeben zu müssen.

Den aufgeführten Aufgaben wird ein/e Moderator:in zusammenfassend gerecht, wenn er/sie:

- den Prozess steuert, aber nicht den Inhalt,
- aktiv zuhört und die eigene Meinung bewusst zurückstellt,
- sich von unvorhersehbaren Ereignissen nicht aus der Ruhe bringen lässt,
- auf Zeitvereinbarungen und die Einhaltung von gemeinsamen Regeln achten,
- Meinungen und Ergebnisse zusammenfasst,
- Aussagen auf den *Punkt* bringt,
- Leitfragen (für die Weiterarbeit) formuliert,
- die Gruppe (fördernd und korrigierend) konstruktiv begleitet,
- die Beziehung der Gruppenmitglieder (mit)gestaltet und auf die Stimmung achtet.

Aufgaben – eine Übersicht

Eine Sammlung von Aufgaben und Regeln der Moderation

Vorbereitung

1. Themen, Ort und Zeit rechtzeitig bekannt geben
   (bzw. bei festen Terminen nur Themen)
2. Informationen beschaffen u. ggf. verteilen
3. Thema methodisch durchdenken, Ziel festlegen (wie weit wollen wir?)
4. Gesprächsprozess durchdenken, mögliche Strukturierung bedenken
5. Zeit vordenken (wieviel insgesamt, was bis wann?)
6. Wer protokolliert?
7. Raum und Moderationsmaterial (für Visualisierung) vorbereiten

Durchführung

1. In das Thema / in die Tagesordnung einführen (Thema nennen, einleiten, anknüpfen); zeitlichen Rahmen bekannt geben und beachten
2. Ggf. *Themeneigner* aufrufen, erläutern lassen
3. Eigenen Vorgehensvorschlag kurz erläutern
4. Inhaltlich neutral bleiben (eigene inhaltliche Beiträge kennzeichnen)
5. Wortmeldungen anregen, erfragen, Wort erteilen; ggf. Moderationstechniken einsetzen
6. Überblick über verschiedene parallele Themen behalten (visualisieren!)
7. Ggf. Wortmeldungen thematisch bündeln bzw. ordnen, evtl. zurückstellen (begründet!)
8. Roten Faden halten, Gespräch strukturieren
9. Zwischenzusammenfassungen
10. *Führen durch Fragen; Wer schreibt, führt*
11. Steuern: Öffnen oder konzentrieren, anregen oder bremsen (situativ führen)
12. Visualisieren, Themenspeicher anlegen
13. Paraphrasieren
14. Entscheidungsprozesse transparent machen, Konsens erfragen, evtl. einzeln abfragen
15. Entscheidungsrealisierung konkret einfordern
16. Gespräch auflockern

17. Meinungsverschiedenheiten klar formulieren, evtl. zur Verdeutlichung polarisieren
18. Bei Konflikten mäßigen, persönliche Spitzen entschärfen
19. Nebenthemen, unlösbare Fragen ausklammern/vertagen
20. Nach Kompromissen suchen
21. Divergierende Sichtweisen *empathisch* klarstellen; heraushören, was eigentlich gemeint ist; ggf. dahinterliegende Interessen klären und anerkennen
22. Schlusszusammenfassung, Ausblick, evtl. gemeinsamer Rückblick

Die wesentlichen Aufgaben, die zur Moderation von Lerngruppen gehören, werden im Folgenden näher beleuchtet.

Wie kann ich einen Rahmen schaffen und halten?

Für einen konstruktiven, sinnstiftenden Gruppenlernprozess brauchen die Lernenden Orientierung und einen klaren Rahmen, in dem sie sich bewegen. Dieser Rahmen beinhaltet die konkrete zeitliche und räumliche Planung einer Gruppenaktivität, so zum Beispiel die rechtzeitige Einladung der Lernenden oder die Ausstattung der Räumlichkeiten mit allen für die Moderation notwendigen Materialien. Es gehört als Vorbereitung auch dazu, den Gruppenprozess vorab zu durchdenken und zu strukturieren. Dies beinhaltet die Festlegung der Zielsetzung (z.B. Wie weit wollen wir heute kommen?) ebenso wie die methodische Planung des Gesprächsprozesses (z.B. Welche Methoden nutzen wir, um die Ziele zu erreichen?).

Der organisatorisch gesetzte Rahmen (wie z.B. Raum, Verpflegung, Termine, Ressourcen, organisatorische Prozesse etc.) formt das Setting mit, in dem gelernt wird. In Reihen hintereinander aufgestellte Tische haben eine andere Wirkung auf die Lernenden als ein Stuhlkreis ohne Tische. Soll eine Atmosphäre für offenen Austausch und Partizipation geschaffen werden, hilft es, dies durch eine offene Gestaltung des Seminarraums zu unterstützen.[30] Für eine Gruppe, die sich vorwiegend selbst organisieren möchte, stellt sich die Frage, wie und durch wen Zeitgestaltung, Ressourcen-Planung und die organisatorischen

[30] Johnson/Johnson, 2003: S. 497

Absprachen zu treffen sind. Die Gruppe braucht dann mehr eigenen Gestaltungsspielraum, aber möglicherweise auch Impulse, damit sie Entscheidungen zu diesen Aspekten für sich treffen kann.

Struktur und Kultur der Zusammenarbeit entstehen in der Gruppe durch die Klärung von Rollen, Verantwortlichkeiten und gemeinsamen Regeln. Hierbei ist die Koordination und Ausrichtung der Einzelaktivitäten der Gruppenmitglieder auf ein übergeordnetes Gesamtziel wichtig.[31] Kommunikation, Interaktion und Vertrauen müssen ermöglicht werden. Während des Gruppenprozesses ist es dafür wichtig, den Rahmen mit der Gruppe gemeinsam abzustecken, durch gemeinsame Vereinbarungen abzusichern und im Verlauf der Moderation aufrecht zu erhalten. Hierbei kann es Aufgabe der Moderation werden, als Zeitwächter an den gesetzten Zeitrahmen oder ggf. an gemeinsam vereinbarte Regeln im Gruppenprozess zu erinnern. Die Moderation hat auch während des Prozesses die Aufgabe, den Lernenden Orientierung zu geben und darauf zu achten, dass das Gruppenziel im Fokus bleibt.

Der/die Moderator:in schafft und hält den Rahmen, indem er/sie sich als Gastgeber:in des Prozesses versteht und als solche/r auftritt.

Was kann das konkret bedeuten? Hier einige Beispiele:

Setting gestalten

- Angenehmer Arbeitsraum
- Stühle im Kreis oder um einen Tisch herum
- gutes Licht, frische Luft
- Pausenverpflegung (Getränke, Imbiss)

Rahmen, Rollen, Regeln der Zusammenarbeit gemeinsam vereinbaren

- Ort: Ist der Raum in Ordnung, hat jede/r einen angenehmen Platz?
- Personen: Sind die richtigen Menschen zusammen? Fehlt jemand?
- Zeit: Wie viel Zeit haben wir?
- „Unser Ziel ist es, ..."
- „Ich (als Moderator:in) sehe meine Aufgabe heute darin, ..."

- „Ist es in Ordnung...
  ...wenn ich unterbreche?
  ...strikt auf die Zeit schaue?
  ...darauf achte, dass niemand zu lange redet?"

Wie kann ich die Beziehung der Gruppenmitglieder untereinander fördern?

Das Lernen in der Gruppe erfüllt, wie bereits betrachtet, das Bedürfnis nach sozialer Eingebundenheit. Damit diese soziale Eingebundenheit für die Lernenden innerhalb einer Gruppe spürbar wird, braucht es eine tragfähige Beziehung der Lernenden untereinander. Aus diesem Grund ist es eine wichtige Aufgabe der Moderation, den Lernenden die Möglichkeit zu geben, für eine *lernintensive* Zusammenarbeit zusammenzuwachsen. Soziale Eingebundenheit – also das Gefühl der Einzelperson, Teil der Gruppe zu sein – kann dann entstehen, wenn die Gruppenmitglieder miteinander in Beziehung sind. Diese Beziehung entsteht nicht allein dadurch, dass Menschen sich miteinander zum Lernen verabreden, sondern vielmehr dadurch, dass die Moderation mit den Lernenden auf der Beziehungsebene arbeitet.

Dies geschieht beispielweise mit einem Kennenlernprozess, in dem Lernende die Chance haben, etwas voneinander zu erfahren, sich aber auch zu zeigen, wie sie sind. Die Herausbildung der Gruppenstruktur und damit die Stärkung der Beziehungsebene lässt sich in besonderer Weise durch gemeinsame Kooperationserfahrungen und Erlebnisübungen gestalten. Indem die Lernenden eine Herausforderung (zum Beispiel eine komplexe Aufgabe) gemeinsam bewältigen, interagieren die Gruppenmitglieder und machen so – zunächst möglicherweise informell – kooperative Lernerfahrungen, die zum einen das Vertrauen der Gruppenmitglieder untereinander stärken können und zum anderen erfahrbar machen, wie wichtig die soziale Eingebundenheit für den eigenen Lernprozess ist. Methodisch lassen sich hier alle Formen von Erlebnisübungen und Planspielen auswählen. Voraussetzung für einen lernhaltigen Einsatz dieser Übungen ist, dass Erlebnisübungen sorgfältig und pas-

[31] Berg, 2005

send zu den Lernthemen der Gruppe ausgewählt, jedes Spiel und jede Erlebnisübung ausführlich ausgewertet und der Lernertrag innerhalb der Gruppe gesichert werden.[32]

Wenn das Lernen in der Gruppe für alle Gruppenmitglieder in besonderer Weise sinnstiftend sein soll, so gelingt dies nur, wenn alle Gruppenmitglieder in gleicher Weise am Gruppenprozess beteiligt sind. Die Moderation hat die Aufgabe, die Gruppendynamik zu begleiten und dabei ebenso auf Bedarfe und Bedürfnisse der Individuen sowie der gesamten Gruppe einzugehen. Sie hat aber auch die Aufgabe, mit auftretenden Lernhindernissen und -barrieren innerhalb der Gruppe umzugehen und Interventionen zu gestalten, sollte der Gruppen(lern)-prozess zu sehr gestört werden. Mit dem Bewusstsein, dass die Beziehung der Lernenden untereinander – im Sinne der sozialen Eingebundenheit – Einfluss auf die Lernmotivation nimmt, achtet die Moderation auf die Stimmung innerhalb der Gruppe, bietet Raum zur weiteren Gestaltung der Beziehungsebene und interveniert ggf. bei Störungen.

Was kann das konkret bedeuten? Hier einige Beispiele:

Zu einer offenen, wertschätzenden Arbeitsstimmung einladen (dialogische Haltung ausdrücken)

- Vertrauen, Offenheit, Neugier, Behutsamkeit, etc.
  „Um dieses Thema zu bearbeiten, brauchen wir viel Verständnis füreinander."
- Mit der Sprache die Arbeitsatmosphäre offenhalten
  „Jede/r ist eingeladen das zu sagen, was ihm bzw. ihr am Herzen liegt."
  „Alle Perspektiven sind wichtig (willkommen)."
- Helfen, Anliegen zu formulieren
  Wenn der Beitrag verschwommen ist, zusammen mit der/dem Teilnehmer:in den Punkt herausarbeiten, auf den es ihr/ihm ankommt:
  „Habe ich Sie richtig verstanden? Ihnen ist vor allem wichtig, dass wir an die Arbeitsbelastung denken und uns nicht zu viel vornehmen?"
- Beiträge auf- oder anschreiben
  Um den Beitrag zu würdigen und die Meinung oder die Sache von der Person zu trennen. Alles, was *außen* aufgeschrieben ist, kann innerlich losgelassen werden und macht frei, auch anderes zu denken.

- Vorwürfe oder Kritik in Wünsche umformulieren
  „Sie sagen, dass es Ihnen reicht, dass die Arbeit immer an Ihnen hängenbleibt; d.h. Sie wünschen sich, dass künftig alle Kolleg:innen dafür sorgen, dass ... und dass Sie entlastet werden."

Positiven Kontakt zu allen Teilnehmer:innen herstellen

- Sich jeder/m zuwenden, zuhören, nicken, Beitrag widerspiegeln, zusammenfassen
- deutlich machen, dass man das wesentliche Anliegen der Aussage verstanden hat

Wie kann ich unterschiedliche Sichtweisen zusammenführen?

Ein konstruktiver (sozialer) Erkenntnis- und Lernprozess besteht darin, abweichende, dem eigenen Standpunkt oder auch der Mehrheit widersprechende Ansichten, Kenntnisse und Informationen zu akzeptieren und zuzulassen. Sie müssen ernst genommen und berücksichtigt werden (und scheinen sie zunächst noch so abwegig zu sein). Mit diesem Akzeptieren anderer Standpunkte ist ein entscheidender Fortschritt auf dem Weg zur konstruktiven Gesprächsführung gemacht. Es bedeutet nämlich, dass man nicht mehr völlig in der eigenen Sichtweise *steckt*, sondern auch die andere Sichtweise ernst nimmt. Das fällt leichter, wenn man umgekehrt auch die eigene Sichtweise bei den anderen Gruppenmitgliedern gut aufgehoben weiß.

Einen Standpunkt ernst nehmen bedeutet aber nicht, ihn widerspruchslos zu übernehmen. Es bedeutet vielmehr, ihn genauer zu betrachten, ihn zu hinterfragen, ihn mit anderen Standpunkten zu vergleichen und herauszuarbeiten, was daran sicheres Wissen und auf Tatsachen begründet ist, und wo sich Vermutungen, Meinungen oder auch Vorurteile zeigen. Unter Umständen müssen weitere Informationen beschafft, oder der Standpunkt muss an einem konkreten Fall gedanklich durchgespielt werden, um seine Tragfähigkeit zu überprüfen.

[32] Für das Kennenlernen von Gruppen ebenso wie für die Gestaltung der sozialen Interaktion von Gruppen gibt es eine Vielzahl von Kennenlern- und Erlebnisübungen sowie Planspiele. Eine Auswahl geeigneter Übungen in diesem Feld findet sich in dem dieses Essential **ergänzenden ‚Werkzeugkoffer'**, erhältlich unter www.gab-muenchen.de

Aus unterschiedlichen Sichtweisen muss sich die Gruppe ein Gesamtbild des Sachverhalts verschaffen.

Was kann das konkret bedeuten? Hier einige Beispiele:

Aussagen der Teilnehmenden akzeptierend und klärend wiederholen (auf den Punkt bringen)

- „Habe ich Sie richtig verstanden, dass ..."
- „Aha, Sie denken also, dass ..."

Aussagen aufeinander beziehen und Aussagen miteinander verknüpfen

- Worte, Wortschöpfungen der Vorredner aufgreifen
- Beiträge zueinander in Beziehung setzen, darauf aufmerksam machen, worin sie sich ähnlich sind bzw. was sie unterscheidet
- Regenschirmtechnik: Bei zwei Meinungen ein gemeinsames Oberthema, einen gemeinsamen Oberbegriff vorschlagen

Teilnehmende, die wenig oder nichts sagen, in das Gespräch einbeziehen

- „Frau B., mich würde interessieren, wie Sie das sehen?"
- „Herr M., darf ich fragen, wie das aus Ihrer Sicht aussieht und was Ihnen dabei wichtig ist?"

Beiträge, die unpersönlich formuliert sind, konkretisieren

Beispiele:
Aussage eines Gesprächsteilnehmers: „Es gibt Kollegen, denen scheinen die Klienten hier überhaupt nicht mehr wichtig zu sein."

Mögliche Reaktionen:

- „Ich habe den Eindruck, Sie sind enttäuscht über diese Lösung. Was genau haben wir Ihrer Meinung nach nicht berücksichtigt?"
- „Welche Beobachtungen bringen Sie zu dieser Vermutung?"
- „Was wäre Ihnen wichtig?"
- „Was genau würden Sie sich wünschen?"
- „Was sollte wer von uns Ihrer Meinung nach tun?"

Wie kann ich Konflikte managen?

Kommt es in der Moderation von Gruppen zu Konfliktsituationen, ist es zunächst wichtig, dass der/die Moderator:in diese klar ausformuliert und kontroverse Positionen nicht unter den Tisch kehrt. Teilweise bietet es sich sogar an, die Gegensätze noch etwas zuzuspitzen, so dass sich die Beteiligten gleichermaßen *gehört* fühlen. Als Moderator:in sollte man aber nicht erwarten, dass sich ein Konflikt auf dieser Ebene schnell lösen lässt. Zur Lösung ist vielmehr Folgendes wichtig zu verstehen:

Die Standpunkte, in die sich die Kontrahent:innen gerade verbeißen, können nur in Bewegung kommen, wenn es gelingt herauszufinden, warum die Konfliktparteien so an ihnen hängen, d.h., warum sie ihnen so wichtig sind. Die Bedeutung liegt in der Regel in tieferliegenden, unausgesprochenen und oft unbewussten Bedürfnissen und Interessen begründet. Und diese sind zunächst einfach da und auch nicht diskutierbar: Wenn jemand Hunger hat, dann hat er Hunger und das lässt sich auch nicht dadurch wegdiskutieren, dass der Kühlschrank leer ist. Bedürfnisse und Interessen kann man sozial nur anerkennen – ganz gleich, ob man sie selbst nun teilt oder nicht.

Mit dieser Grundhaltung kann man in einer Konfliktsituation in der Moderation vorsichtig versuchen, über die geäußerten (kontroversen) Standpunkte hinaus an die dahinterliegenden Interessen und Bedürfnisse heranzukommen, indem man die Beteiligten taktvoll danach fragt. „Warum ist dir das so wichtig“ „Was bedeutet es für dich?“ „Was würdest du befürchten, wenn du deinen Standpunkt aufgeben müsstest?“ Die/der Moderator:in muss also durch passende Fragen oder durch aktives Zuhören dasjenige zum Vorschein bringen, was hinter dem Schleier des offen Geäußerten steht und was die Beteiligten tatsächlich bewegt. Wenn klar ist, was den Kontrahent:innen eigentlich wichtig ist an ihren Positionen, kann man nach Lösungen suchen, die das Wichtige bewahren, ohne sich gegenseitig auszuschließen.[33]

[33] Siehe hierzu auch vertiefend die Ansätze zur Gewaltfreien Kommunikation nach Marshall Rosenberg in Essential Aus- und Weiterbildungspädagoge:in – Gesprächsführung in der Lernprozessbegleitung

Was kann das konkret bedeuten? Hier einige Beispiele:

Ansprechen, wenn sozial etwas nicht stimmt

- Ansprechen, was man beobachtet:
  „Frau A., Sie schütteln den Kopf?"
  oder: „Ich bin überrascht über Ihre Reaktion. Was ist der Hintergrund dafür?"
  Evtl.: „Heißt das, dass Sie die Sache ganz anders sehen?"

- Wenn man nichts konkret beobachtet, aber spürt, dass etwas nicht stimmt:
  „Wie kommt das, was Herr X gerade gesagt hat, bei Ihnen an, Frau Y?"
  Evtl. Rückfrage an Herrn X: „War es das, was Sie sagen wollten? War das Ihre Absicht?"
  Evtl. nachfragen und bei Bedarf übersetzen: „Worum geht es Ihnen genau, Herr X? Ihnen ist also wichtig, dass ..."
  „Und worum geht es Ihnen, Frau Y? Sie wünschen sich, dass ..."

- Zu Ich-Aussagen anregen, bzw. in Ich-Aussagen übersetzen

Verletzende Aussagen von Teilnehmenden umformulieren

- Statt: „Sie sind immer diejenige, die ..."
  „Ist es so, Herr X, dass Sie sich über Frau Y ärgern, weil Sie davon ausgegangen sind, dass sie sich um die Arbeit kümmert?"

Fragen die Gefühle und Bedürfnisse widerspiegeln, die man durchhört

- „Ich habe den Eindruck, Sie sind enttäuscht/unglücklich... darüber, dass wir das Thema x heute nicht mehr ansprechen können. Ist das so? Warum wäre Ihnen das heute noch sehr wichtig gewesen?"

Verdeckte Ich-Botschaften werden z.B. in folgenden Formulierungen geäußert:

- „Man müsste ..., man könnte meinen ..., jeder weiß ..., im Allgemeinen ist es so ..."
  Um diese Verallgemeinerung aufzulösen, kann die/der Moderator:in nachfragen:
  „Wie haben Sie das verstanden?"
  „Was vermuten Sie?"

„Was macht Ihnen Sorgen?“
„Was befürchten Sie?“

Wie kann ich Entscheidungen und Vereinbarungen ermöglichen?

Zu gemeinsamen Entscheidungen und Vereinbarungen zu kommen, ist im sozialen Prozess eine außerordentlich schwierige Aufgabe, weil dadurch alles, worüber man bisher mehr oder weniger folgenlos reden konnte, verbindlich und konkret wird. An der Schwelle zur Entscheidung werden die Beteiligten versuchen, so viel wie möglich von ihren eigenen Interessen und Sichtweisen in der Entscheidung durchzusetzen, notfalls auch gegen die Interessen der anderen. In solchen Situationen passiert es leicht, dass sich Meinungsunterschiede verhärten und in offenen Konflikten zeigen. Werden Einigungen dann durch Mehrheitsbeschluss getroffen, besteht die Gefahr, dass die Überstimmten die „Einigung“ unterlaufen, sie bei nächster Gelegenheit wieder in Frage stellen und sie nicht mittragen.

Weitreichende, für alle Betroffenen wichtige Entscheidungen müssen also durch einen sozialen Vereinbarungsprozess aller geklärt werden. Dazu gehört es, die unvereinbaren Standpunkte als solche anzuerkennen und im Bewusstsein ihrer Unvereinbarkeit Wege und Lösungen auszuhandeln, die vielleicht von jeder Seite momentane Abstriche und vorläufige Kompromisse verlangen, aber eben doch für alle akzeptabel und lebbar erscheinen. Wie kann ein/e Moderator:in diesen Prozess der Vereinbarung begleiten und fördern? Zunächst geht es darum, die Erkenntnisse genau zu betrachten und wirklich zu klären, wovon hier die Rede ist. Darauf folgt dann der eigentliche Aushandlungsprozess, indem man in der Gruppe herausfindet, worauf sich beide Seiten einlassen können, worauf sie auch verzichten können, welche Kompromisse möglich wären. Die/der Moderator:in hat dabei die Aufgabe, die Teilnehmer:innen zu diesem Prozess zu ermutigen und dessen Bedingungen zu klären, Ideen anzuregen, den Überblick zu behalten, Ansatzpunkte für eine gemeinsame Lösung auszumachen, alle gleich zu behandeln und den gemeinsamen Weg und seine Ergebnisse bewusstzumachen und festzuhalten.

4.4 Wie gehe ich mit schwierigen Seminarsituationen um?

Was sind mögliche Gründe für schwierige Seminarsituationen?

Betrachtet man die vielfältigen Aufgaben einer Moderation, so wird deutlich, dass Moderation sich in unterschiedlichen Spannungsfeldern bewegt. Diese Spannungsfelder ergeben sich zum Beispiel aus:

- der Heterogenität einer Lerngruppe,
- der Vielfalt der individuellen Anliegen,
- unterschiedlichen Vorerfahrungen zu den besprochenen Themen oder zur Zusammenarbeit in Gruppen,
- unterschiedlichen Bedürfnissen in der Beziehungsgestaltung (z.B. Ferne und Nähe in der Beziehung),
- unterschiedlichen Wahrnehmungen von Autonomie und Kontrolle in einer Gruppe.[34]

Da nicht alle Menschen die gleichen Bedürfnisse teilen, ergeben sich unterschiedliche Perspektiven, Wünsche und Meinungen. Diese bieten eine besondere Vielfalt im Gruppenlernprozess. Sie können aber auch Auslöser für schwierige Seminarsituationen sein, bei denen die Moderation besonders gefordert ist.
Interessant ist die Beobachtung, dass schwierige Situationen von Moderator:innen unterschiedlich wahrgenommen und dementsprechend auch verschiedenartig bearbeitet werden, sodass sich unterschiedliche Lösungsansätze derselben Situation ergeben und sich damit jeweils andere Reaktionen und Ergebnisse im Gruppenprozess zeigen. Das heißt, verschiedene für die Moderation verantwortliche Personen können in derselben Gruppe ganz unterschiedliche Erfahrungen machen und z.B. auf keinerlei Probleme im gemeinsamen Arbeitsprozess stoßen.

Schwierigkeiten bei einer Moderation können aus mindestens zwei Gründen auftreten:

1. Die/der Moderator:in kann sich nicht auf die Gruppe einstellen und *erwischt sie auf dem falschen Fuß* oder

2. Die Gruppenmitglieder verhalten sich so, dass sie nicht zu einem effektiven Ergebnis einer Gruppenarbeit beitragen.

Der folgende Abschnitt widmet sich dem zweiten Aspekt, denn hier ist die/der Moderator:in besonders gefordert, angemessen zu reagieren. Eine dialogische Haltung fordert den Respekt vor der Individualität des Individuums, seinem Wunsch nach Selbstbestimmung sowie vor den individuellen Bedürfnissen innerhalb der Gruppe. Das macht die Moderationsaufgabe dann besonders herausfordernd, wenn Teilnehmende (auf den ersten Blick) nicht in gleicher Weise innerhalb der Gruppe (re)agieren. Zur dialogischen Grundhaltung gehört es, im ersten Moment als schwierig wahrgenommenen Teilnehmer:innen mit der gleichen Wertschätzung gegenüberzutreten und ihr Bedürfnis nach Selbstbestimmung ebenso zu akzeptieren, wie dies für alle anderen auch gilt. Nicht die Person ist schwierig. Möglicherweise ist das Verhalten der Person in der Situation hinderlich für den Gruppenprozess. Es braucht in dieser Situation die Haltung der Moderation, anzuerkennen, dass die Person, deren Verhalten als schwierig wahrgenommen wird, Beweggründe hat, so zu handeln wie sie handelt. Es braucht die Offenheit der Moderation, diese zu akzeptieren und der Person zuzugestehen. Es wird zu einer besonderen Herausforderung, an diesem Punkt die individuellen Beweggründe einer Person zu akzeptieren und gleichzeitig die kollektiven Bedürfnisse der gesamten Gruppe im Blick zu behalten.

Die/der Moderierende kann (und muss möglicherweise für den Gruppenprozess) auf das Verhalten der betreffenden Person eingehen und versuchen eine Verhaltensänderung zu bewirken. Erst ein Verständnis, das davon ausgeht, dass das Verhalten und nicht die Person an sich schwierig ist, liefert mögliche Ansatzpunkte für eine moderierende Verhaltenssteuerung. Im Vorfeld einer Intervention ist eine Reflexion der Moderation im Hinblick auf die oben beschriebene Haltung (z.B. Wie gut gelingt es mir in dieser Situation, allen Beteiligten in gleichem Maße Wertschätzung gegenüber zu bringen? Wie offen bin ich allen Beteiligten gegenüber?) besonders wichtig, weil die Haltung, mit der die Intervention gestaltet wird, die Situation mitbeeinflusst.

[34] Vgl. Ackermann et al., 2015: S. 38

Welches Handwerkszeug kann ich nutzen?

Die Verhaltensweisen, mit denen man es zu tun bekommen kann, lassen sich weder alle nennen noch in einem Buch festhalten. Die nachfolgenden Ausführungen sollen den ein oder anderen (zugegebenermaßen sehr vereinfachten) Handlungsimpuls geben. Sie dienen, ohne eine tiefenpsychologische Analyse, als praktische Tipps für die alltägliche Moderationspraxis, welche die Arbeit der Moderation und das Ergebnis der Gruppenarbeit deutlich verbessern helfen können.

Es bleibt dabei wichtig, die jeweilige Intervention in einer dialogischen Haltung (wie oben beschrieben) zu gestalten!

Situation: Nicht zu bremsen

Sie moderieren einen Themeneinstieg in das Thema *Entdeckendes Lernen.* Schon bei der ersten Frage: *„Welche Erfahrungen haben Sie damit bisher gemacht?"* fängt ein Teilnehmer an, einen Grundsatzvortrag über verschiedene *Lerntheorien* zu halten. Einige Teilnehmer:innen rutschen auf dem Stuhl hin und her, blättern in Unterlagen, einer geht auf die Toilette, eine gähnt.

Mögliche Fragen und Intervention:

- „Herr M., darf ich Sie mal kurz unterbrechen? Folgende Punkte sind Ihnen also wichtig:
  1. ...
  2. ..."
- Die ihm wichtigen Punkte aufgreifen und sofort anschließen: „Ich würde gerne noch andere Teilnehmende zu diesem Thema hören. Wie sehen Sie das, Frau E.?"

Situation: Blockade lösen

Sie sind bei den Grundprinzipien zur Gestaltung von *entdeckendem Lernen im Betrieb* angekommen. Ein Teilnehmer, der die ganze Zeit eher schweigsam war, platzt plötzlich heraus: „Also, ich finde das alles völlig unrealistisch. Das haben wir doch alles schon probiert. Das ist hier reine Beschäftigungstherapie! Das geht sowieso nicht! Sie kennen meinen Arbeitsalltag wohl nicht!"

Mögliche Fragen und Intervention:

- „Welcher Punkt ist es genau, den Sie für unrealistisch halten? (also konkretisieren). Wie sehen das die anderen?"
- „Was genau geht Ihrer Meinung nach nicht? (konkretisieren) Evtl. haben Sie einen Alternativvorschlag?"
- „Was genau stört Sie daran?" (konkretisieren) „Was würden Sie für möglich halten und was nicht?"

Situation: Umgang mit unspezifischen Aussagen

Bei der Erarbeitung konkreter Ideen zur Umsetzung von entdeckendem Lernen in der Lehrwerkstatt eines Betriebes interveniert eine Teilnehmerin: „Das ist mir alles zu ungenau! Das geht sowieso nicht."

Mögliche Fragen und Intervention:

- Beitrag versachlichen, nicht provozieren lassen, als Selbstaussage werten.
- „An welcher Stelle brauchen Sie es genauer? Helfen Sie mir die Punkte zu konkretisieren, die für Sie ungenau sind."
- „Wie müsste es für Sie gestaltet sein? (nachfragen, konkretisieren)"
- „Wie wird es denn für Sie konkreter?"
- „Sie scheinen da ja völlig anderer Meinung zu sein."
- Nachfragen, Wie sehen Sie das?

Situation: Umgang mit Verallgemeinerungen

Die Teilnehmenden teilen ihre Erkenntnisse zum ‚entdeckenden Lernen in ihrem Betrieb' und beschreiben ihre konkreten Umsetzungsideen. Ein Teilnehmer sagt: „Da ist aber nichts Neues dabei. Das machen wir sowieso schon immer so."

Mögliche Fragen und Intervention:

- „Vielleicht kann jeder in der Runde mal sagen, wie er das für sich und seine entwickelten Ideen sieht?"
- „Ich könnte mir vorstellen, dass es dazu noch andere Meinungen gibt. Vielleicht können sich noch mehr dazu äußern?"
- An andere Teilnehmer:innen gewandt: „Wie sehen Sie das?"
- „Wie müsste es denn sein, damit für Sie etwas Neues entsteht?"

Situation: Umgang mit impliziten Annahmen

Im Workshop geht es nun darum, dass die Teilnehmenden die an der Ausbildung Beteiligten (z.B. nebenamtliche Ausbilder:innen) für eine neue Vorgehensweise in der Ausbildung gewinnen. Frau B. stellt fest: „Die Mühe brauche ich mir nicht zu machen. Unsere nebenamtlichen Ausbilder lehnen Neuerungen immer ab."

Mögliche Fragen und Intervention:

- „Sie scheinen da ziemlich skeptisch zu sein. Wie könnten wir denn die nebenamtlichen Ausbilder:innen mit ins Boot holen?"
- „Klingt skeptisch. Wie wäre es, wenn wir sie fragen würden?"
- „Um was geht es Ihrer Meinung nach?"
- „Wie kommen Sie zu der Vermutung?"

Situation: Umgang mit Ablehnung einer Methode

Sie wollen im Workshop die Praxiserfahrungen der Teilnehmenden reflektieren und haben hierfür die Methode *Kugellager* vorgesehen. Sie haben alles vorbereitet, die Methode auf einem Flipchart beschrieben und den Raum entsprechend gestaltet. Nachdem Sie die Methode vorgestellt haben, meldet sich ein Teilnehmer und sagt: „Müssen wir das so aufwändig machen? Wir können uns doch auch so darüber austauschen."

Mögliche Fragen und Intervention:

- Nachfragen: „Was stört Sie an der Methode?“
- Kurz erläutern warum: „Ich würde gerne so vorgehen, weil dann alle Teilnehmenden in den Austausch miteinander kommen.“
- „Welche Methode würden Sie stattdessen vorschlagen?“

Weitere Situationen im Überblick

Jemand redet viel und oft

Mögliche Merkmale:

- kommt vom Hundertsten ins Tausendste
- ist kaum vom Reden abzuhalten
- meldet sich fast zu jedem Thema

Mögliche Hintergründe:

- hat ein starkes unbefriedigtes Anerkennungsbedürfnis, sucht Beifall
- Reden hilft beim Denken
- möchte das eigene Expertenwissen zeigen und die anderen daran teilhaben lassen
- ist besonders engagiert und möchte, dass etwas passiert / das Thema voranbringen
- kann Dinge schlecht aus der Hand geben und anderen überlassen
- möchte die Kontrolle behalten

Mögliche Interventionen:

- halten Sie die Gedanken im Themenspeicher fest und unterbrechen Sie dann
- geben Sie deutliche Anerkennung
- lassen Sie die Gruppe Stellung nehmen
- weisen Sie auf Spielregeln und andere Wortmeldungen hin
- rügen Sie nur im Notfall
- vermeiden Sie passives Verhalten der Gruppe
- setzen Sie sie/ihn als Helfer:in, z.B. beim Schreiben, Anpinnen, als Zeitwächter:in ein

Jemand verhält sich aggressiv

Mögliche Merkmale:

- reagiert unsachlich und emotional heftig
- greift Personen direkt an
- wird ironisch oder sarkastisch; Doppelbotschaften lassen sich nur schwer konstruktiv beantworten

Mögliche Hintergründe:

- steht selbst unter starker Spannung, die nur wenig mit dem unmittelbaren Ablauf zu tun haben muss
- fühlt sich unverstanden und kämpft um Gehör
- ist verunsichert durch Personen oder durch absehbare Konsequenzen

Mögliche Interventionen:

- bleiben Sie ruhig und bewerten Sie das Verhalten nicht negativ (Zurechtweisung nur im Notfall)
- greifen Sie das Anliegen sachlich auf und bitten Sie die Gruppe um Stellungnahme nach dem Motto *Störungen haben Vorrang*
- lassen Sie Statements nebeneinanderstehen und betonen Sie das Gemeinsame
- fragen Sie nach dem Bedürfnis, das hinter bestimmten Äußerungen steht
- spiegeln Sie, indem Sie fragen: „Habe ich Sie richtig verstanden, dass ..."
- übertragen Sie ihr/ihm sinnvolle Aufgaben, binden Sie sie/ihn in eine konkrete Aktion ein
- visualisieren Sie Stellungnahmen und arbeiten Sie dann weiter

Jemand beharrt auf seinem Standpunkt

Mögliche Merkmale:

- äußert Standpunkte mit Nachdruck und kompromisslos
- geht auf die positiven Anteile in den Aussagen der anderen nicht ein, greift sie nicht auf, gibt keine Anerkennung für andere Personen und Standpunkte
- streitet sich mit Expert:innen

Mögliche Hintergründe:

- weiß tatsächlich etwas besser
- hat ein starkes Profilierungsbedürfnis
- ist auf irgendetwas oder irgendjemanden sauer und muss sich abreagieren

Mögliche Interventionen:

- prüfen Sie in Ruhe und ohne Zurechtweisung, inwieweit die Kritik berechtigt ist
- lassen Sie die Gruppe relativierend erörtern
- fragen Sie nach weiteren Beiträgen in der Gruppe und visualisieren Sie in Stichworten die unterschiedlichen Standpunkte
- hören Sie konsequent aktiv zu und nehmen Sie erst nach einer kurzen Pause Stellung

Jemand verhält sich schweigsam-distanziert

Mögliche Merkmale:

- zeigt einen unbeteiligten Gesichtsausdruck
- beteiligt sich nur wenig an der Gruppenaktivität
- greift nur selten Bemerkungen der anderen Gruppenmitglieder auf
- macht verdeckt kritische Zwischenbemerkungen
- möchte Pause machen

Mögliche Hintergründe:

- fühlt sich inhaltlich unter- oder überfordert
- ist erschöpft
- fühlt sich in der Gruppe nicht wohl
- hat persönliche Spannungen und ist innerlich damit beschäftigt
- verhält sich taktisch und verfolgt seine Interessen

Mögliche Interventionen:

- ab und zu beiläufig ansprechen
- gegebenenfalls sachbezogen direkt nachfragen, ohne bloßzustellen oder anzugreifen
- bei (Klein-)Gruppenarbeit als Sprecher:in einsetzen

Teil 5

Wie fördere ich **den Transfer des Gelernten in die Praxis?**

5.1 Welche Hintergründe zum Thema Lerntransfer sollte ich berücksichtigen?

In der betrieblichen Bildung wird in der Regel nicht um der reinen Bildung willen gelernt, auch nicht für eine Prüfung, sondern es wird gelernt, um die anstehenden Arbeitsaufgaben souverän ausführen zu können. Letztlich erfolgreich ist eine Lernveranstaltung also nicht schon dann, wenn die Teilnehmer:innen das zufriedene Gefühl haben, viel gelernt zu haben, sondern erst dann, wenn sie das Gelernte auch tatsächlich an ihren Arbeitsplätzen umsetzen können. Erst dann können sie mit dem Gelernten auch etwas anfangen, erst dann hat sich die Bildungsmaßnahme für sie (und das Unternehmen) gelohnt.

In der pädagogischen Psychologie spricht man dann von Transfer, wenn etwas, das in einem Zusammenhang gelernt wurde, auf einen anderen Zusammenhang übertragen wird. Transfer findet also dann statt, wenn Lernende neues Wissen, neue Fähigkeiten oder Kompetenzen in anderen Situationen (seien es neue Lernsituationen oder berufliche Arbeitssituationen) nutzen können. Der Begriff Transfer ist von dem lateinischen Verb *transferre* abgeleitet und lässt sich mit dem deutschen Wort Übertragung übersetzen.

Die Pädagogik und die pädagogische Psychologie beschäftigen sich mit dem Transferphänomen schon lange sehr intensiv. Der Grund dafür ist die verbreitete Feststellung, dass viele Lernende mit den Dingen, die sie in der Schule oder in anderen Bildungseinrichtungen lernen, im Alltag nichts anfangen können. Sie erkennen nicht, wozu bestimmtes Wissen hilfreich ist. Den Dreisatz beherrschen sie vielleicht auf dem Papier, im Alltag behelfen sie sich aber mit anderen Tricks, um die Zutaten eines Kochrezepts für sechs Personen auf vier Personen umzurechnen. Auch in der betrieblichen Weiterbildung hört man oft die Klage, dass viele Bildungsinvestitionen im Sande verlaufen, weil sie nicht den gewünschten Effekt im Unternehmen haben. Und wer hat noch nie über seinen Chef geschimpft, dass sich bei ihm einfach nichts ändert, obwohl er doch schon so viele Führungsseminare besucht hat...

Dieses Transferproblem hat also nicht nur eine pädagogische, sondern auch eine finanzielle Bedeutung für Institutionen, die in Bildung investieren. Daher hat die Frage, wie man den Transfer (alternativ wird von Lerntransfer, Praxistransfer, Anwendungstransfer oder Trainingstransfer gesprochen) fördern kann, eine über die Pädagogik und Didaktik hinausgehende Relevanz.

5.2 Welche Einflussfaktoren wirken auf den Transfer?

In der Literatur existiert eine Vielzahl an Modellen zum Transfer, die den Lern- und Transferprozess in einer verkürzten und schematischen Abfolge darstellen und wesentliche Einflussfaktoren dieses Prozesses benennen.

Von den US-Amerikanern Baldwin und Ford[35] stammt ein erstes gesamthaftes Modell, das aus einer Analyse mehrerer Untersuchungen zum Lerntransfer entstanden ist. In dem in Abbildung 8 dargestellten Transfermodell unterscheiden die Autoren Trainings-Input-Faktoren, den Trainingsoutput und die Transferbedingungen als wichtige Elemente bzw. Einflussfaktoren für den Transfer. Für das Verständnis des Modells ist wichtig zu wissen, dass es keinen individuellen Prozess von Lernen und Anwenden abbildet, sondern Einflussfaktoren systematisiert, die einen nachgewiesenen Einfluss auf das Transfergeschehen nehmen.

Als zentrale Einflussfaktoren auf den Transfer nennen die Autoren die Inputfaktoren, die sie aufteilen in:

- die (Merkmale der) Lernenden,
- das Trainingsdesign, d.h. die Gestaltung der Lernveranstaltung und
- die Arbeitsumgebung, d.h. die Bedingungen am Arbeitsplatz.

Diese Haupteinflussfaktoren finden sich auch in späteren Modellen und Untersuchungen immer wieder. Das Modell bringt zum Ausdruck, dass diese drei Faktoren einen unmittelbaren Einfluss auf das Trainingsergebnis (Trainingsoutput) haben, d.h. auf den Lernerfolg (siehe die Pfeile im Modell). Da ein gutes Lernergebnis nicht gleichzusetzen ist damit, dass

[35] Baldwin/Ford, 1988: S. 63-105

das Gelernte am Arbeitsplatz auch angewendet wird, beschreibt das Modell noch weitere Transferbedingungen: Das Gelernte muss für die Aufgabenstellungen am Arbeitsplatz verallgemeinert oder angepasst werden, und die Anwendung des Gelernten muss auch über einen längeren Zeitraum beibehalten werden. Für diese Transferbedingungen spielen die Teilnehmenden-Merkmale sowie die Arbeitsumgebung wiederum eine direkte Rolle.

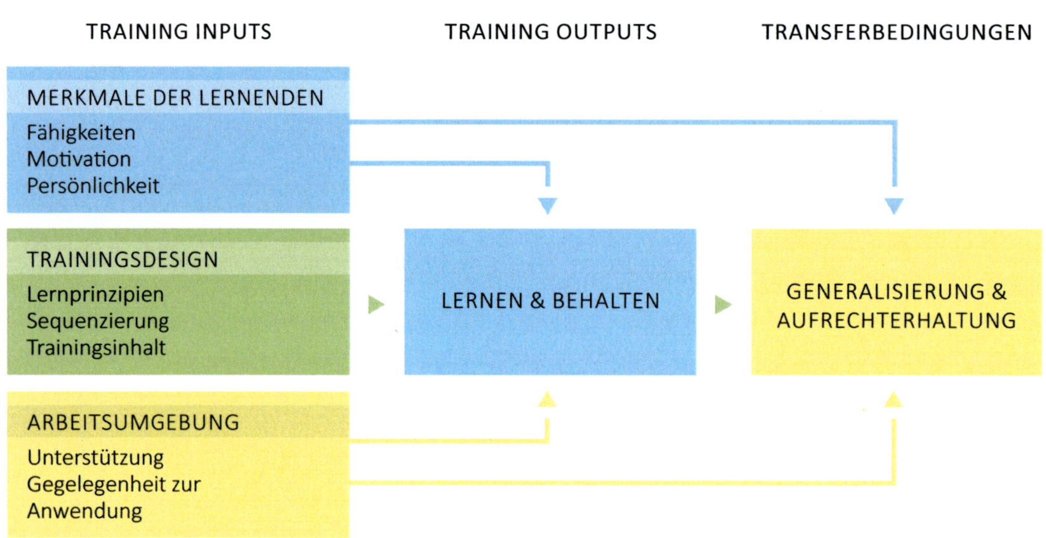

Abb. 10: Rahmenmodell des Trainingstransfers nach Baldwin und Ford (1988, S. 65)

5.3 Wie lassen sich die Transfer-Einflussfaktoren im Einzelnen fassen?

Erster Einflussfaktor: Welche Rolle spielen die Lernenden für den Transfer?

Zu den Merkmalen der Lernenden gehören deren fachliche und fachübergreifende Fähigkeiten und Kompetenzen, ihre Lern- und Transfermotivation sowie bestimmte Merkmale ihrer Persönlichkeit.

Lernende verfügen über unterschiedliche Vorkenntnisse, Fähigkeiten und Kompetenzen, mit denen sie in eine Lernveranstaltung kommen. Wissenschaftliche Untersuchungen genauso wie die individuelle Erfahrung bestätigen immer wieder, dass das Lernergebnis größer ist, je mehr die Lernenden im betreffenden Bereich schon wissen oder können. Die Transferleistung ist größer, wenn das Gelernte nicht vollkommen neu ist, sondern in einen bereits vorhandenen Pool von Wissen, Fähigkeiten und Kompetenzen eingebaut werden kann.

Hinsichtlich des Einflussfaktors Motivation unterscheiden einige Untersuchungen zwischen der Veränderungsmotivation, der Lernmotivation und der Transfermotivation. Bei der *Veränderungsmotivation* geht es um die Bereitschaft, das eigene Verhalten zu verändern und die erlernten Inhalte anzuwenden. Von einer hohen Veränderungsmotivation ist auszugehen, wenn sich Lernende eigene Ziele setzen, Möglichkeiten zur Selbstbestimmung haben und eine hohe Erfolgserwartung vorhanden ist, d.h., wenn die Lernenden davon überzeugt sind, dass sie die Veränderung erfolgreich hinkriegen.

Die *Lernmotivation* bezieht sich auf die Bereitschaft zu lernen. Es wird davon ausgegangen, dass ein enger Zusammenhang zwischen den Einstellungen und Eigenschaften der Lernenden und ihrer Lernmotivation besteht. Aus pädagogischer Sicht spielen die drei Grundbedürfnisse nach Kompetenzerleben, Autonomie und sozialer Eingebundenheit (siehe die Selbstbestimmungstheorie der Motivation nach Deci und Ryan, 1993) und damit eine aktive Rolle der Lernenden im Lerngeschehen eine besondere Rolle für die Lernmotivation.

Bei der *Transfermotivation*, d.h. bei der Motivation, das Gelernte auch tatsächlich in der Arbeit umzusetzen, kommt es darauf an, ob Lernende davon überzeugt sind, das Gelernte sinnvoll und nutzbringend in der Arbeit einsetzen zu können. Wenn das Gelernte nur als zusätzliche Last empfunden wird, wird es auch nicht umgesetzt. Weiterhin kommt es darauf an, wie sicher sich die Lernenden mit der Anwendung des Gelernten fühlen und ob sie erkennen können, in welchen Situationen sie das neu Gelernte am besten nutzen.

Persönlichkeitsmerkmale, die hilfreich für einen gelungenen Transfer sind, wurden zu einem großen Teil schon bei der Beschreibung der Motivation genannt (diese wird ja von Persönlichkeitsmerkmalen mit beeinflusst). Darüber hinaus spielen weitere Persönlichkeitsmerkmale bzw. Kompetenzen eine Rolle. So ist es z.B. wichtig, seine Handlungsabsicht (z.B. das neu Gelernte im Arbeitsalltag anzuwenden) auch bei Widerständen durchhalten zu können. Dabei kann es z.B. helfen, sich das positive Ergebnis einer erfolgreichen Umsetzung lebhaft vorzustellen und die Faktoren auszublenden, die einen ablenken. Auch die Tendenz, Erfolge sich selbst und der eigenen Anstrengung zuzuschreiben und Misserfolge als vorübergehend und überwindbar zu sehen, trägt zu einem *Dranbleiben* und zu weiteren Anwendungsversuchen bei.

Zweiter Einflussfaktor: Wie wirkt das Trainingsdesign auf den Transfer?

Zum Trainingsdesign zählen die Autoren die ausgewählten Trainingsinhalte, vor allem deren Praxisrelevanz, die Gestaltung des Trainings (Aufbau, verwendete Methoden, Gestaltung der sozialen Situation, eingesetzte Medien) sowie die Rolle der/des Lehrenden (partnerschaftlich, unterstützend, sachorientiert). Im Folgenden werden Erkenntnisse und Hinweise aus verschiedenen Untersuchungen (also nicht nur von Baldwin und Ford) zusammenfassend dargestellt:

Grundsätzlich lässt sich sagen, dass eine lernförderliche Gestaltung der Lernveranstaltung oder des Trainings eine wesentliche Voraussetzung für den späteren Transfererfolg darstellt. Je intensiver das Gelernte verarbeitet wurde, desto besser lässt es sich für spätere Anwendungssituationen nutzen. Gestaltungsprinzipien für ein transferförderliches Lernen sind daher:

- eine erkennbare Relevanz des Gelernten für die Lebens- und Arbeitswelt der Lernenden
- ein systematischer, für die Lernenden nachvollziehbarer Aufbau der Lernveranstaltung
- Einsatz unterschiedlicher, zu den angestrebten Lernergebnissen passender Methoden
- Abwechslung und Ausgewogenheit zwischen einfachen und komplexen Inhalten
- Einsatz unterschiedlicher Darstellungs- und Bearbeitungsformen von Inhalten (sowohl sprachliche und symbolische Darstellung, aber insbesondere die Möglichkeit zur aktiv-handelnden Auseinandersetzung mit neuen Phänomenen und Zusammenhängen)

- Möglichkeit für die Lernenden, Feedback auf ihren Lernprozess und ihren Lernerfolg zu erhalten und das Erlebte zu reflektieren
- Planung des Transfers und von Anwendungsmöglichkeiten schon während des Lernprozesses

Dritter Einflussfaktor: Wie wirkt die Arbeitsumgebung auf den Transfer?

Zur Einflussgröße Arbeitsumgebung werden die beiden Aspekte *Unterstützung durch die Personen im Arbeitsumfeld* und die *organisationalen Bedingungen* gezählt.
Die Unterstützung bezieht sich in erster Linie auf die Führungskraft. Über folgende Aktivitäten kann die Führungskraft zu einem gelingenden Praxistransfer beitragen:

- eine Vorbildfunktion einnehmen, indem die Führungskraft selbst an vergleichbaren Seminaren teilnimmt und die gewünschten Kompetenzen in der Arbeit umsetzt,
- mit den Lernenden die Zielsetzung und die eigenen Erwartungen an die Lernveranstaltung besprechen,
- über Gespräche und Feedback Interesse an den Lerninhalten und am Transfer der Lerninhalte signalisieren,
- nach dem Training für Anwendungsmöglichkeiten sorgen, z.B. indem die Mitarbeitenden vermehrt die neu gelernten Aufgaben übernehmen.

Neben der Führungskraft gibt es weitere organisationale Bedingungen, die Einfluss auf den Praxistransfer nehmen. Als transferförderlich haben sich folgende Rahmenbedingungen erwiesen:

- Ein positives Arbeitsklima sowie eine Unternehmenskultur, die Veränderungen und Innovationen unterstützt; diese Unternehmenskultur kann über Normen und Leitbilder verdeutlicht und fixiert werden, Lernende können sich ggf. darauf berufen, um Unterstützung bei Veränderungen einzufordern.
- Zwischen der Lernsituation und der Anwendungssituation sollte eine zeitliche Nähe bestehen, d.h., ein Seminar sollte möglichst unmittelbar vor der Übernahme einer neuen Aufgabe stattfinden.

- Die Lernenden müssen nach der Lernveranstaltung auch die entsprechenden Befugnisse haben, die neue Aufgabe selbstständig auszuführen.
- Die Arbeitsorganisation sollte den Lernenden zeitliche Freiräume oder Entlastung bieten, um neue Verhaltensweisen oder Routinen am Arbeitsplatz auszuprobieren und umzusetzen (auch der Umgang mit einem neuen Computerprogramm wird zunächst langsamer sein als die Bedienung des alten).
- Lernveranstaltungen sollten in die gesamte Organisationsentwicklung eingebunden sein und den Zielen der Organisation entsprechen.

Vierter Einflussfaktor: Wie wirkt das Lernergebnis auf den Transfer?

Die psychologische Transferforschung sucht die Erklärungen für mangelnden Transfer vor allem beim Lernergebnis, d.h. beim erlernten Wissen. (Tatsächlich sprechen diese Forschungen von Wissen und nutzen nicht den Begriff Kompetenzen. Teils meint die Forschung mit Wissen auch Fähigkeiten, aber sie bezeichnet sie als prozedurales Wissen. Das liegt unter anderem daran, dass viele Untersuchungen in einer Zeit durchgeführt wurden, in denen der Kompetenzbegriff noch nicht verwendet wurde.)

Psychologische Untersuchungen stellen sich also die Frage: Wie kommt es, dass Wissen zwar (zumindest scheinbar) vorhanden ist, aber nicht eingesetzt wird, wenn es gilt, anstehende Probleme zu lösen? Dieses Phänomen ist auch unter der Bezeichnung träges Wissen bekannt geworden und bezeichnet die Tatsache, dass Menschen in Schule und Unterricht zwar viel Wissen anhäufen, ihnen dieses Wissen bei Alltagsaufgaben jedoch nicht hilft. Man kann also feststellen, dass Wissen alleine nicht ausreicht, um handlungsfähig zu sein. Es braucht mehr, und um dieses Mehr haben sich die Transferforschung und angrenzende Forschungsgebiete gekümmert. Die folgenden Erkenntnisse sind insbesondere zur Förderung des Anwendungstransfers wichtig:

- Ein Transferproblem kann deshalb entstehen, weil in der Lernveranstaltung tatsächlich nur Wissen und Kenntnisse erworben wurden, die zum Handeln nötigen Fertigkeiten, Fähigkeiten oder Haltungen jedoch nicht. Das bedeutet, dass Lernveranstaltungen auch die über das Wissen hinausgehenden Aspekte von Kompetenzen fördern müssen und dass sie den Lernenden möglichst Gelegenheit geben sollen, in realen und komplexen Handlungssituationen zu lernen.

- Ob Menschen Gelerntes im Alltag nutzen oder nicht, hängt auch von impliziten Einstellungen und Überzeugungen im Hinblick auf Wissen und Lernen ab. Wenn Lernende nicht erkennen, wofür ihnen bestimmtes Wissen (z.B. in Mathematik oder Physik) helfen kann und sie vielmehr der Meinung sind, dass die Gesetze und Theorien etwas für verschrobene Genies, aber nicht für den Alltag sind, werden sie auch nicht auf die Idee kommen, mathematische Regeln auf Alltagsprobleme anzuwenden.

- Eine sehr deutliche Transferlücke tritt oft dann auf, wenn Menschen ihr Verhalten ändern wollen (oder müssen) und dabei alte Gewohnheiten und Routinen loswerden müssen. Beispiele sind, wenn Führungskräfte ihr Gesprächsverhalten verändern wollen, oder wenn Menschen gesundheits- oder umweltbewusster leben wollen. Diese Menschen wissen und verstehen, was zu tun oder zu lassen ist, können es oft aber nicht konsequent und dauerhaft anders machen. Warum nicht? Was braucht es zusätzlich, um das eigene Handeln zu verändern? Mit diesen Fragen hat sich die Motivations- und Handlungstheorie intensiver beschäftigt. Insbesondere die Motivationspsychologen Heinz Heckhausen und Peter Gollwitzer haben in ihrem *Rubikon-Modell der Handlungsphasen* das zielgerichtete Handeln genauer analysiert (Heckhausen 1989). Mit dem Rubikon meinen sie eine bewusste willentliche Entscheidung, eine Handlung durchzuführen (z.B. regelmäßig Sport zu treiben, sein Kommunikationsverhalten zu ändern, sein Zeitmanagement anders zu gestalten). Sie betonen, dass diese Entscheidung nicht blauäugig getroffen werden darf, sondern genau betrachtet werden sollte, ob einem das Ziel (mit allen seinen positiven wie negativen Konsequenzen) wirklich wichtig genug ist und ob man sich auch grundsätzlich in der Lage sieht, die Handlung zu realisieren. Wenn man nach dieser gründlichen Abwägung zum Entschluss gekommen ist: Ja, ich will das wirklich und ich bin auch in der Lage, das hinzukriegen, hat die Handlung eine Chance, tatsächlich durchgeführt zu werden.

Da viele neue Handlungen aber noch nicht sicher beherrscht werden, oder sich Widerstände und Durststrecken einstellen, braucht es neben diesem expliziten Entschluss (d.h. der Willensbildung) noch weitere Kompetenzen, die das Handeln *am Leben halten.* Dazu gehört es, sich auf das Handeln konzentrieren zu können und sich nicht zu anderen Handlungen verleiten zu lassen, sich das attraktive Ziel und den Sinn des veränderten Handelns immer wieder vor Augen zu führen und sich zum *Dranbleiben* zu motivieren und nicht zuletzt, sich von Rückschlägen oder Misserfolgen nicht entmutigen zu lassen. Diese Kompetenzen werden auch als Kompetenzen zur Handlungsregulation bezeichnet. Wenn in einem Seminar also nicht nur neues Wissen und Fähigkeiten erworben werden, sondern auch die Aspekte der Willensbildung und der Handlungsregulation gefördert werden, dann steigen die Chancen, dass das Lernen tatsächlich zu einem veränderten Handeln führt.

5.4 Wie gelingt die Förderung von Lerntransfer nun konkret?

Es gibt mittlerweile zahlreiche Maßnahmen und Instrumente, mit deren Hilfe man die Wirksamkeit von Trainings und Bildungsmaßnahmen verbessern will, indem man den Transfer in den Arbeitsalltag unterstützt, bzw. den Schritt hin zum Arbeitsalltag so klein wie möglich macht. Wie in den Modellen zum Lerntransfer schon deutlich geworden ist, beginnen die Fördermöglichkeiten nicht erst am Ende eines Seminars, sondern schon viel früher.

In der Regel werden Maßnahmen zur Transferförderung eingeteilt in Maßnahmen vor, während und nach einem Seminar. Die nachfolgend aufgelisteten Maßnahmen gliedern sich ebenfalls nach dieser zeitlichen Abfolge.

Welche Maßnahmen zur Transferförderung können im Vorfeld einer Lernveranstaltung gestaltet werden?

Systematische und individuelle Bildungsbedarfserhebung

Beabsichtigte Wirkung Stellt sicher, dass die Bildungsmaßnahme den Bildungsbedarf der Lernenden trifft
Erhöht die Praxisrelevanz der Bildungsmaßnahme

Vorinformation der Lernenden über die Lernziele und Inhalte des Seminars

Beabsichtigte Wirkung Lernende können ihre Lernbedarfe und -wünsche mit den Zielen abgleichen

Lernenden erhalten eine realistische Vorstellung, was sie vom Seminar erwarten können

Aktivierung des Vorwissens und der vorhandenen Fähigkeiten der Lernenden durch Vorabaufgaben oder eine Selbsteinschätzung (individuelle Kompetenzfeststellung)

Beabsichtigte Wirkung Lernende werden sich ihres Vorwissens bewusst und können Neues besser mit Vorhandenem in Verbindung setzen

Lernwünsche und die Lernmotivation werden gestärkt

Formulierung individueller Lernziele bzw. Lernwünsche an das Seminar (für sich selbst oder zusammen mit der Führungskraft)

Beabsichtigte Wirkung Die Lernmotivation wird gestärkt

Austausch mit der Führungskraft über jeweilige Erwartungen an das Seminar

Beabsichtigte Wirkung Lernende sind sich der Erwartungen ihrer Führungskräfte bewusst und erkennen die Bedeutung des Seminars

Austausch mit der Führungskraft über Anwendungsmöglichkeiten der Seminarinhalte und Unterstützung bei der Anwendung

Beabsichtigte Wirkung Bedeutung und Relevanz des Seminars für die Arbeitspraxis wird deutlich

Realistische und konkrete Anwendungssituationen werden identifiziert

Handlungspläne zur Anwendung des Gelernten entstehen

Mögliche Anwendungsschwierigkeiten werden vorweggenommen

Welche Maßnahmen fördern während der Lernveranstaltung den Transfer?

Lerngestaltung anhand der konkreten Fragestellungen der Lernenden

Beabsichtigte Wirkung Die Relevanz des Gelernten für die Arbeitspraxis wird erhöht
Die Lernenden erarbeiten passende Lösungen und können auch die konkrete Umsetzung der Lösungen in den Arbeitsalltag ‚mitlernen'

Anhand komplexer, realistischer Situationen und Aufgaben lernen

Beabsichtigte Wirkung Die Situationen können in all ihrer Komplexität bearbeitet werden

Mit variierenden Situationen und Aufgaben lernen

Beabsichtigte Wirkung Die Lernenden erwerben Kompetenzen, die sich dadurch auszeichnen, dass sie eine Handlungsfähigkeit in variierenden Situationen ermöglichen
Die Lernenden erkennen unterschiedliche relevante Aspekte von Aufgaben und Anforderungssituationen, sie flexibilisieren damit ihre Kompetenzen
Sie lernen vergleichbare Anwendungssituationen in unterschiedlichen Kontexten kennen

Handlungsmöglichkeiten i.S. v. Anwendungsmöglichkeiten für das Gelernte im Seminar schaffen

Beabsichtigte Wirkung Die Lernenden erwerben Kompetenzen; diese können nur im realen Handeln erworben werden

Ausführliche Reflexion der konkreten Lernerfahrungen und Herausarbeiten allgemeiner Handlungsprinzipien

Beabsichtigte Wirkung Die Lernenden werden sich ihres Lernertrags bewusst
Erfolgserlebnisse stärken die Lernmotivation
Über die Reflexion wird die Handlungskompetenz bewusst
Eine Verallgemeinerung der Handlungsprinzipien trägt dazu bei, die konkreten Erfahrungen auf unterschiedliche Situationen übertragbar zu machen

Feedback zu den Lernfortschritten

Beabsichtigte Wirkung Fördert die Lernmotivation

Die Lernenden werden sich ihres Lernertrags bewusst

Die Lernenden erhalten eine Außensicht auf ihre Kompetenzen und Anregungen, die Kompetenzen weiter zu entwickeln

Identifizierung von Anwendungssituationen in der Arbeitssituation

Beabsichtigte Wirkung Die Lernenden sind sich möglicher Anwendungssituationen in der Praxis bewusst

Sie werden auch auf Situationen aufmerksam, die nicht so offensichtlich sind

Formulierung konkreter Anwendungsziele und -vorhaben (z.B. in Form eines ‚Briefs an mich selbst', einer Transfervereinbarung o. Ä.)

Beabsichtigte Wirkung Unterstützt den Willen und den Entschluss zur Anwendung des Gelernten

Erleichtert bzw. fordert eine Konkretisierung der Anwendung ein

Antizipation von Anwendungsschwierigkeiten und Erarbeitung von Handlungsstrategien zum Umgang mit den Schwierigkeiten (Rückfall-Prävention)

Beabsichtigte Wirkung Fördert die Fähigkeiten zur Handlungsregulation, d.h. zum Handeln auch bei Schwierigkeiten

Wenn auch Emotionen antizipiert werden, können Unterstützungsmöglichkeiten zum Umgang mit belastenden Gefühlen (Enttäuschung, Scham, Frustration usw.) erarbeitet werden

Konkretisiert die Handlungspläne auch bei Schwierigkeiten

Welche Maßnahmen fördern im Anschluss an eine Lernveranstaltung den Transfer?

Unterlagen zur selbstreflexiven Begleitung des Anwendungsprozesses (z.B. Anwendungstagebuch mit Fragen)

Beabsichtigte Wirkung Hält den Anwendungswunsch bzw. -entschluss wach
Die Lernenden beobachten sich in der Anwendungssituation und reflektieren ihre dort gemachten (Lern-)Erfahrungen
Die Handlungspläne werden dabei überprüft und verändert
Über gezielte Fragen oder Aufgaben im Lerntagebuch können bestimmte Handlungen auch initiiert werden

Erstellung eines individuellen Umsetzungsplans (allein oder öffentlich im Team oder als Vertrag mit der Führungskraft)

Beabsichtigte Wirkung Der Anwendungsentschluss wird gestärkt
Vereinbarungen zur Unterstützung im Arbeitsumfeld (durch Kollegen oder die Führungskraft) werden getroffen

Erinnerung an den Umsetzungsplan (z.B. in Form des ‚Briefs an mich selbst')

Beabsichtigte Wirkung Der Umsetzungsplan bzw. -entschluss bleibt auch nach längerer Zeit in Erinnerung
Die ursprüngliche Motivation zur Anwendung, die beim Schreiben des Briefs vorhanden war, wird wieder lebendig

Schriftliche Befragung zu Transfervorsätzen und tatsächlichen Transfererfolgen

Beabsichtigte Wirkung Die Befragung ruft die Vorsätze in Erinnerung bzw. initiiert sie
Die schriftliche Formulierung macht sie konkret
Die Abfrage von konkreten Erfolgen macht Fortschritte bewusst und lässt Schwierigkeiten deutlich werden

Lern- oder Erfahrungsgruppen oder Lernpartnerschaften

Beabsichtigte Wirkung Die Teilnehmenden unterstützen sich in ihren Transfervorhaben

gegenseitig, sie erinnern und verpflichten sich gegenseitig
Die Lernenden können aufgrund ihrer eigenen Erfahrungen Hinweise und Hilfe bei der Anwendung geben

Follow-Ups / Erfahrungsaustausch oder Supervisionstreffen (in der Gesamtgruppe mit Lernbegleitung)

Beabsichtigte Wirkung Anwendungserfahrungen werden reflektiert, Schwierigkeiten können, zumindest exemplarisch, sehr konkret bearbeitet werden

Kollegiale Beratung zu konkreten Anwendungsfällen oder -fragen

Beabsichtigte Wirkung Kollegiale Beratung geht ganz speziell auf das Anliegen des/der Fallgeber:in ein und ermöglicht sehr passgenaue Lösungen bzw. Erkenntnisse
Im vertraulichen Rahmen können alle Aspekte von Transferschwierigkeiten adressiert werden
Dies ermöglicht ein Weiterlernen sowohl für die/den Fallgeber:in, aber auch für die anderen Beteiligten
Kollegiale Beratung etabliert ein Lernen im Arbeitskontext

(Regelmäßiger) Austausch mit Führungskraft inkl. Vereinbarungen zur Transferunterstützung

Beabsichtigte Wirkung Vereinbarungen zur Unterstützung durch die Führungskraft werden getroffen
Beide Beteiligte reflektieren ihren jeweiligen Beitrag zur Transferunterstützung
Durch die Einbeziehung der Führungskraft können auch teambezogene Regelungen getroffen werden, die die Anwendung unterstützen

Individuelles Coaching oder Lernbegleitung (durch Führungskraft / externe Person)

Beabsichtigte Wirkung Ermöglicht ein passgenaues Weiterlernen im Arbeitsprozess
Alle Aspekte von Anwendungsschwierigkeiten können sehr individuell bearbeitet werden
Wichtigkeit der Anwendung wird unterstrichen

Vertiefungsseminare zu speziellen Fragestellungen

Beabsichtigte Wirkung Bietet eine explizite Lernmöglichkeit zur Erweiterung der Handlungskompetenzen von Lernenden, z.B. auch in schwierigen Situationen

Teil 6

Wie evaluiere ich **Lernveranstaltungen?**

6.1 Was gibt es Grundlegendes zur Evaluation von Lernveranstaltungen zu wissen?

Evaluation bedeutet wörtlich Auswertung und bezeichnet die Feststellung der Effekte und Wirkungen einer Bildungsmaßnahme. Um die Wirksamkeit der Methoden zu überprüfen, das eigene Verhalten als Lehrende:r objektiv beurteilen zu können und um festzustellen, ob die angestrebten Lernergebnisse erreicht wurden, ist es notwendig, am Ende einer Lernveranstaltung eine Evaluation durchzuführen.

Eine Evaluation sollte in einer überlegten und konsequenten Systematik erfolgen und nach klaren Kriterien vorgenommen werden. In diesem Fall spricht man von einer systematischen Evaluation. Aus der Interpretation der gewonnenen Informationen lassen sich Konsequenzen für das weitere Handeln ziehen.

Ein weiterer Zweck der Evaluation ist die Selbsteinschätzung sowohl der Lehrenden als auch der Teilnehmer:innen einer Bildungsmaßnahme. Erstere können dadurch ihre Methoden und Haltungen reflektieren, Letztere können überprüfen, was sie gelernt haben und inwiefern sie durch ihr eigenes Verhalten dazu beigetragen haben. In diesem Fall spricht man von Selbstevaluation.

Grundsätzlich ist eine Evaluation, die durch die Lehrenden selbst durchgeführt wird – wie sie hier beschrieben wird – zu unterscheiden von einer wissenschaftlichen Evaluation, die an einen externen Evaluator (Forschungsinstitut) vergeben wird. Bei letzterer wird durch stärkere Systematik ein höherer Grad an Objektivität angestrebt.

Ebenen der Evaluation

Eine Evaluation kann ganz unterschiedliche Aspekte bzw. Effekte einer Lernveranstaltung in den Blick nehmen.

Von Donald Kirkpatrick stammt eine Systematisierung der Effekte auf vier Stufen, die er erstmals bereits im Jahr 1959 vorgestellt hat (siehe Abbildung 9).[36]

Stufe 1 Zufriedenheitserfolg (Reaktion der Teilnehmer:innen): Auf dieser Stufe wird erfasst, wie die Lernveranstaltung bei den Teilnehmer:innen ‚ankam', d.h., wie zufrieden sie mit der Gestaltung und dem Verlauf des Seminars sind.

Stufe 2 Lernerfolg: Auf dieser Stufe der Evaluation wird erfasst, was die Teilnehmer:innen durch die Lernveranstaltung gelernt haben. Was wissen sie nun mehr? Welche Fertigkeiten und Fähigkeiten haben sich verändert? Welche Einstellungen haben sie gewonnen?

Stufe 3 Transfererfolg: Hier wird danach gefragt, welche Effekte die Lernveranstaltung in der Arbeitspraxis der Lernenden hat, d.h., was sie von dem, was sie im Seminar oder im Unterricht gelernt haben, auch tatsächlich in ihrem Arbeitsalltag umsetzen.

Stufe 4 Unternehmenserfolg: Auf dieser Stufe der Evaluation geht es darum, die wirtschaftlichen Effekte einer Lernveranstaltung für das Unternehmen oder die Organisation zu erfassen. Diese Effekte von Bildung werden im Rahmen der betrieblichen Bildung häufig unter dem Begriff Bildungscontrolling erfasst.

In der Beschreibung der Stufen wird deutlich, dass sich der Fokus der Evaluation von Stufe zu Stufe erweitert und auch Wirkungen in den Blick genommen werden, die nur noch mittelbar mit der eigentlichen Lernveranstaltung im Zusammenhang stehen. Für jede Stufe sind daher auch jeweils andere Evaluationsmethoden und Ansatzpunkte notwendig.

[36] Kirkpatrick/Kirkpatrick, 1994

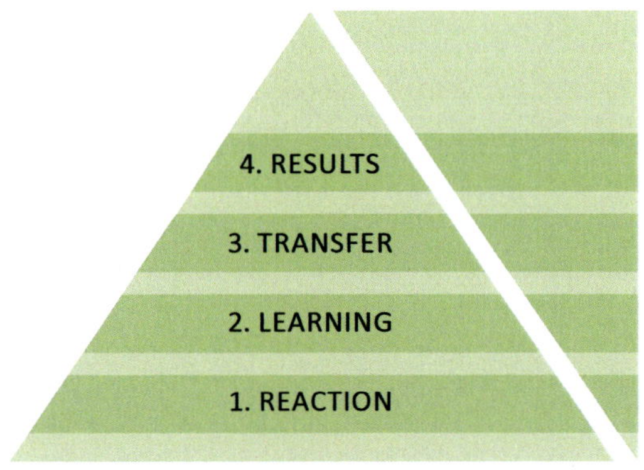

Abb. 11: Ebenen der Evaluation nach Kirkpatrick

4. UNTERNEHMENSERFOLG
Hat sich die Investition gelohnt?
(Zu erfassen über Kennzahlen wie: Zeitersparnis, verringerte Unfallquote, weniger Krankheitsfälle, schnelle Entscheidungen, effektivere Besprechungen)

3. TRANSFERERFOLG
Verändertes Handeln in der Praxis
(Zu erfassen über Beobachtung im Arbeitsfeld, Befragung von Führungskraft, Kund:innen)

2. LERNERFOLG
Erweiterung von Kompetenzen
(Zu erfassen über Tests, Arbeitsproben, Simulationen, Selbsteinschätzung, Einschätzung durch Lehrende und/oder Führungskraft)

1. ZUFRIEDENHEIT DER LERNENDEN
(Zu erfassen über Fragebögen, Feedback, Gespräche/Interviews)

Welche innere Haltung ist für eine professionelle Evaluation wichtig?

Lehrende, die ihre Bildungsmaßnahmen evaluieren, nehmen dazu eine andere Rolle ein, als wenn sie Lernende begleiten und den Lehr-Lernprozess gestalten. Für eine Evaluation ist es notwendig, sich vom eigenen Handeln zu distanzieren und es unter objektiven Kriterien zu betrachten und zu bewerten. Das fällt umso leichter, je klarer die Rolle und die Haltung als Evaluator:in umrissen ist. Im Folgenden werden verschiedene Rollen bzw. innere Haltungen beschrieben, aus denen heraus eine sinnvolle Evaluation möglich ist. Sie schließen sich nicht gegenseitig aus, sondern können sich in der Praxis ergänzen.

Zielorientiert

Da jede Aus- und Weiterbildung oder jede Unterrichtseinheit bestimmte Ziele, d.h. Lernergebnisse verfolgt, die von den Lernenden erreicht werden sollen, ist es naheliegend, die Evaluation an diesen Zielen auszurichten. Angestrebte Lernergebnisse bestehen in neuem Wissen, Fähigkeiten und Kompetenzen, die in der Lernveranstaltung erworben werden sollen, um anschließend in der beruflichen oder Lebenspraxis angewendet zu werden.

Aus der zielorientierten Haltung heraus wird Evaluation darin bestehen, festzustellen, ob die Ziele erreicht wurden, d.h., ob die neuen Kenntnisse und Fähigkeiten bei den Teilnehmer:innen am Ende der Bildungsmaßnahme tatsächlich vorliegen. Um den Lernerfolg zu erfassen, werden seit langem Tests und Prüfungen eingesetzt, aber auch alternative Formen der Kompetenzfeststellung bieten sich hierfür an.

Werteorientiert

Die Beurteilung einer Bildungsmaßnahme ausschließlich anhand der erreichten Lernergebnisse würde jedes Mittel rechtfertigen (z.B. *Druck* oder Herabsetzungen), allein deshalb kann eine ausschließliche Orientierung an den erreichten Ergebnissen die Qualität pädagogischen Handelns nicht vollständig beurteilen. Es gibt Werte, die unabhängig von den einzelnen Zielen für die Qualität eine Rolle spielen. Dazu gehört bei einer Lernveranstaltung die Frage, ob sich die Lernenden mit ihren Interessen und Bedürfnissen einbringen können, ob sie Eigenaktivität während des Seminars entwickeln können, ob die Arbeitsatmosphäre positiv, konstruktiv und respektvoll ist und ob sich die/der Einzelne als lernendes Individuum wahrgenommen fühlt. Solche Qualitätsmerkmale gelten auch unabhängig davon, ob die angestrebten Lernergebnisse erreicht werden und gründen auf allgemeinen menschlichen Werten. Sie sollten vor allem bei einer Befragung der Teilnehmer:innen berücksichtigt werden.

Interaktiv

Die interaktive Haltung geht davon aus, dass alle an einer Lernveranstaltung beteiligten Personen an der Evaluation teilnehmen sollten, und zwar sowohl an der Datensammlung als auch an der Beurteilung und Interpretation der Ergebnisse. Diese Haltung ist besonders wichtig, um die Zufriedenheit der Lernenden festzustellen und zu optimieren. Diese Zufriedenheit hängt unter Umständen auch von Kriterien ab, die für die Lehrenden nicht klar sind. Deshalb ist die interaktive Haltung, die davon ausgeht, dass alle Positionen wichtig und aussagekräftig sind, Voraussetzung für eine wirksame Evaluation.

Selbstkritisch

Eine selbstkritische Haltung ist Voraussetzung jeder Evaluation. Lehrende müssen bereit sein, ihre Methoden, ihr Verhalten und ihren Lehrstil in Frage zu stellen. Nur so können sie kritische Beurteilungen durch andere und durch sich selbst akzeptieren, ohne sich in ihrer fachlichen und persönlichen Autorität verunsichert zu fühlen, und nur so können sie ihr Handeln optimieren.

Auch für die Selbstevaluation der Teilnehmer:innen ist die selbstkritische Haltung in besonderem Maße gefragt, wie die Darstellung des hierfür besonders geeigneten Lerntagebuchs zeigen wird (vgl. Kap. 6.4).

6.2 Wie plane und gestalte ich eine systematische Evaluation?

Eine systematische Evaluation umfasst immer folgende Arbeitsschritte:

Frage 1: Was möchte ich evaluieren?

Man klärt für sich oder gemeinsam, was man evaluieren möchte: z. B.

- Wie kommt meine Art der Gestaltung der Lernveranstaltung bei den Lernenden an?
- Wie kommen die Lernenden mit den Seminarunterlagen zurecht?

Bei der Wahl des Evaluationsthemas sollte man darauf achten, dass man sich für etwas entscheidet,

- bei dem man selbstständig Veränderungen vornehmen kann bzw. darf,
- und auch bereit ist, Veränderungen vorzunehmen.

Angenommen, man führt in einer Lernveranstaltung ein Projekt durch und möchte dieses aus pädagogischen Gründen auf jeden Fall beibehalten. Dann ist es bei einer Evaluation nicht sinnvoll, die Lernenden zu fragen, ob sie im Projekt- oder im Frontalunterricht besser lernen. Sinnvoll ist es aber, mit den Teilnehmer:innen z.B. herauszufinden, ob sie die Arbeitsanweisungen gut verstehen, ob sie mit den Informationsmaterialien gut zurechtkommen, ob sie sich ausreichend begleitet fühlen oder was sie zur Unterstützung bräuchten.

Frage 2: Wie möchte ich die gewonnenen Daten verwenden?

Man überlegt sich, was man mit den gewonnenen Daten hinterher machen möchte, denn davon hängt ab, welche Untersuchungsfragen man stellt und welche Art von Beurteilung man braucht. Will man mit den gewonnenen Daten Hinweise bekommen, um das Seminar zu verbessern, um Fortbildungsthemen zu erkennen oder um anstehende Veränderungen besser auf die Interessen der Lernenden abstimmen zu können?

Will man z.B. nur wissen, wie viele Teilnehmer:innen mit den Unterlagen zufrieden sind, oder will man auch konkrete Hinweise erhalten, ob und an welchen Stellen die Teilnehmer:innen die Unterlagen nicht verstehen, um sie entsprechend überarbeiten zu können?

Frage 3: Welche Merkmale will ich überprüfen? (Evaluationskriterien)

Wenn man als Ziel z.B. eine Optimierung der Seminarunterlagen für die Teilnehmer:innen anstrebt, so muss überlegt werden, an welchen Kriterien gute Unterlagen zu erkennen sind. Kriterien dafür könnten die Verständlichkeit sein, die Übersichtlichkeit, der Aufbau der Unterlagen, die fachliche Aktualität etc.

Frage 4: Wie operationalisiere ich diese Merkmale?

Wenn man z. B. die Verständlichkeit der Arbeitsunterlagen für die Lernenden verbessern möchte, reicht es nicht, sie danach zu fragen, ob sie die Unterlagen verstehen. Dazu muss man die *Verständlichkeit von Seminarunterlagen* genauer aufschlüsseln (= operationalisieren), also etwa: Sind die Aufgaben gut erklärt, sind Lösungsschritte nachvollziehbar, werden Versuchsanweisungen so verstanden, dass die Versuche selbständig durchgeführt werden können?

Mit dieser Aufschlüsselung werden die Merkmale in übersichtliche Einzelthemen unterteilt und damit einfacher zu evaluieren.

Frage 5: Gibt es sinnvolle nonverbale Merkmale?

Manchmal lohnt es sich, sich zu überlegen, ob man einen bestimmten Sachverhalt, den man evaluieren möchte, auch an nonverbalen Merkmalen im Verhalten der Lernenden ablesen kann. Ob das Seminar für die Teilnehmenden interessant ist, kann man z.B. auch daran ablesen, ob sie während des Seminars (öfter als sonst) gähnen, häufig rausgehen, sich mit etwas Anderem beschäftigen.

Frage 6: Welche Evaluationsmethode passt zu unserem Vorhaben?

Erst nach Klärung der vorigen Fragen wählt man die Methode aus, mit der man die Daten erheben möchte. Es gibt verschiedene Evaluationsmethoden, die jeweils unterschiedlich für ein Evaluationsziel geeignet sind.

6.3 Welche Methoden und Instrumente der Evaluation in der beruflichen Bildung gibt es?

Aus den genannten Haltungen bzw. Gesichtspunkten ergeben sich unterschiedliche Methoden, mit denen die Wirksamkeit einer Lernveranstaltung evaluiert werden kann. Zu jeder Methode gibt es eine Reihe von Instrumenten, die sich folgendermaßen einteilen lassen:

a. Auswertung von Zahlen und Daten,

Z.B. können Prüfungsergebnisse (Noten) oder Fehltage ausgewertet werden.

b. Textanalytische Verfahren

Dabei können schriftliche Äußerungen der Teilnehmer:innen, Dokumentationsbögen, Fragebögen und Lerntagebücher ausgewertet werden. Auch das Smiley-Feedback an der Pinnwand oder auf Karten formulierte Wünsche oder Verbesserungsvorschläge liegen schriftlich vor.

Der Vorteil dieser Verfahren ist, dass sie anonyme Rückmeldungen einholen können, die in der Regel ungefilterter und deutlicher sind als Gesprächsmethoden. Die Ergebnisse können in Ruhe ausgewertet werden, weil die Aussagen ja in schriftlicher Form vorliegen. Ihnen kommt daher eine wichtige Bedeutung zu. Im folgenden Abschnitt werden konkrete Beispiele dazu angeführt. Der Fragebogen eignet sich auch für die Befragung von ehemaligen Teilnehmer:innen, so dass auch der Transfer des Gelernten in den Berufsalltag evaluiert werden kann.

c. Beobachtungsmethoden

Hiermit sind alle Methoden gemeint, bei denen die/der Lehrende oder ein/e externe/r Beobachter:in nach allgemeinen oder vorher festgelegten Kriterien die Lernsituation beobachtet und die Beobachtungen in einem Protokoll, anhand von Notizen, Strichlisten oder durch Foto und Film festhält und auf dieser Grundlage beurteilt. Wenn die/der Lehrende selbst beobachtet, kann sie/er natürlich nur die Teilnehmer:innen (nicht sich selbst) in den Blick nehmen. Dann eignet sich die Beobachtung eher für Seminarphasen, in denen selbstständig bzw. in Gruppen gearbeitet wird.

Bei der Evaluation durch Beobachtung gibt es verschiedene Varianten:

- Teilnehmende Beobachtung oder externe Beobachtung: Teilnehmend bedeutet, dass die/der Beobachter:in mit in der Situation dabei ist (und von den Beobachteten auch wahrgenommen wird), eine externe Beobachtung ist z.B. über Filmaufnahmen oder über Einwegspiegel (in Experimentalsettings) möglich.
- Freie Beobachtung anhand allgemeiner Fragen/Interessen oder systematische Beobachtung anhand von Beobachtungskriterien
- Beobachtung unter Experimentalbedingungen oder Beobachtung unter Realbedingungen
- Festhalten der Beobachtungen in gebundener/strukturierter Form (Fragebögen, Strichlisten, Protokollbögen) oder in freier Form (Beobachtungstagebuch)

d. Gesprächsmethoden

Gespräche ganz unterschiedlicher Art können zur Evaluation genutzt werden. Dazu gehören sowohl informelle Gespräche mit den Teilnehmer:innen als auch frei formulierte Rückmeldungen und Beurteilungen am Ende eines Seminars.
Auch Gruppendiskussionen oder -interviews, die mit oder ohne Leitfaden durchgeführt werden können, mündliche Befragung mit offenen Fragen oder standardisierten Fragekatalogen gehören zu solchen Gesprächen. Natürlich können solche Gespräche oder Interviews auch per Telefon oder übers Internet geführt werden.

6.4 Wie sind die einzelnen Instrumente der Evaluation gestaltet?

Wie wird ein Fragebogen gestaltet?

Der Fragebogen ist ein vielseitig verwendbares Instrument der Evaluation, da er sowohl anonym als auch offen (mit Namensnennung) ausgefüllt werden kann und weil durch die Formulierung der Fragen und möglichen Antworten (multiple choice) sehr unterschiedliche Bereiche abgefragt werden können. Für ein effektives Ergebnis einer Evaluation durch Fragebogen sollten folgende Aspekte bei der Formulierung der Fragen und möglichen Antworten bzw. Aussagen berücksichtigt werden:

- Eine Frage soll für diejenigen verständlich sein, die sie beantworten sollen
- Eine Frage soll spezifisch sein (z.B. Konnten Sie die Erklärung der Arbeitsaufgaben verstehen? statt: Fanden Sie die Arbeitsaufgaben gut?)
- Jede Frage sollte nur nach einem Aspekt fragen
- Fragen sollen so kurz wie möglich sein
- Eine Frage soll sich auf einen klaren Zeitraum und auf einen definierten Bereich beziehen (Wie beurteilen Sie die Zusammenarbeit in Ihrer Arbeitsgruppe in diesem Modul?)
- Eine Frage soll nicht hypothetisch sein (Werden Sie an einem Zusatzkurs in Englisch teilnehmen? Statt: Fänden Sie einen Zusatzkurs in Englisch sinnvoll?)
- Keine Suggestivfragen (Wie beurteilen Sie...? statt: Finden Sie es auch richtig, dass..?)
- Die Anordnung der Fragen sollte sich von allgemeinen zu speziellen Fragen gliedern
- Antwortalternativen sollten klar voneinander abgegrenzt sein, z.B.:
  - a.) leicht / mittel / schwer
  - b.) viel / mittel / wenig
  - c.) oft / manchmal / selten
  - d.) trifft überhaupt nicht zu / trifft weniger zu / trifft teilweise zu / trifft überwiegend zu / trifft voll zu
- Alle Antwortalternativen sollten erfasst werden (z.B. auch: ‚weiß nicht')

Mögliche Fragestellungen finden sich in den beispielhaften Evaluationsbögen im ,Werkzeugkoffer'. Ein Fragebogen zu einer Lernveranstaltung bezieht sich in der Regel auf wesentliche didaktische Aspekte:

- Klarheit und Transparenz der angestrebten Lernergebnisse
- Menge und Strukturierung der Inhalte
- Relevanz der Lerninhalte
- Nachvollziehbarkeit und Angemessenheit der Anwendungsfälle und Beispiele
- Abwechslung in der Methodik
- Einsatz ansprechender Medien
- Verfügbarkeit hilfreicher Teilnehmenden-Unterlagen
- Fachliche Kompetenz der Lehrperson
- Pädagogisch-didaktische Kompetenz der Lehrperson
- Lernergebnis (Wurde viel Neues und für die Praxis Relevantes gelernt?)

Darüber hinaus werden auch oft die Rahmenbedingungen einer Lernveranstaltung in den Blick genommen, z.B.

- Organisation und Information über die Lernveranstaltung im Vorfeld
- Räumlichkeiten und ggf. Unterbringung und Catering im Seminarhaus
- Passung der zeitlichen Dauer und des Zeitpunkts der Lernveranstaltung

Nicht zuletzt sollten Fragebögen auch Raum für Freitextantworten lassen sowie eine Gesamtbeurteilung einholen inkl. der wesentlichen Gründe für die Beurteilung. Hierfür bieten sich folgende Fragen an:

- Wie beurteile ich die Bildungsmaßnahme insgesamt?
  (sehr gut/gut/es ging so/schade um die Zeit) Warum?
- Kann ich die Ergebnisse des Seminars für meinen Arbeitsplatz nutzen?
- Kann ich das Seminar weiterempfehlen? Warum?
- Meine Highlights – meine Verbesserungsvorschläge:

Einige der Fragen lassen eine frei formulierte Antwort zu. In der Auswertung kann daher kein Mittelwert errechnet werden, sondern es muss eine Sammlung konkreter Aussagen und Vorschläge erstellt werden. Dadurch entsteht für die Lehrende/den Lehrenden die Möglichkeit, neue Ideen aus der Sicht der Lernenden zu bekommen. Hier zeigt sich besonders deutlich der Vorzug der interaktiven Haltung bei der Evaluation.

Um die Befragten dazu zu motivieren, den Fragebogen engagiert und ehrlich auszufüllen, sollte eine Erklärung mitgeliefert werden, die auf häufig gestellte Fragen über Sinn, Zweck und Verbleib der Erhebung informiert, wie in diesem Beispiel:

BEISPIEL

Häufige Fragen rund um Fragebögen zu einer Lernveranstaltung

Frage Was bezweckt die Befragung?
Antwort Die Verbesserung und Weiterentwicklung der Qualität und Effektivität dieser Bildungsmaßnahme.

Frage Wonach wird gefragt?
Antwort Gefragt wird nach Ihrer persönlichen Meinung oder Einschätzung.

Frage Wie muss man den Fragebogen ausfüllen?
Antwort Füllen Sie den Fragebogen entsprechend Ihrer augenblicklichen Stimmungslage und spontan aus.

Frage Was ist, wenn man eine Frage nicht beantwortet?
Antwort Sollte eine Frage auf Sie nicht zutreffen, übergehen Sie diese einfach. Geben Sie aber auf jeden Fall den Fragebogen ab.

Frage Wie wird der Fragebogen ganz konkret ausgefüllt?

Antwort Kreuzen Sie bitte zu jeder Frage nur ein Kästchen an. Beachten Sie die weiteren Ausfüllhinweise.

Frage Wird registriert, wer den Fragebogen abgegeben hat?

Antwort Nein

Frage Wo und wie wird der ausgefüllte Fragebogen abgegeben?

Antwort Der Fragebogen wird gefaltet an die Seminarleitung gegeben, so dass die Anonymität gewahrt bleibt.

Frage Kann herausgefunden werden, was von wem geantwortet worden ist?

Antwort Nein, da die Fragebögen nach der Dateneingabe oder dem Abschreiben vernichtet werden.

Frage Wie werden diese Daten aufgearbeitet?

Antwort Aus den Daten werden Mittelwerte, Standardabweichungen und möglicherweise auch Häufigkeiten oder Mediane statistisch errechnet. Nur diese Werte werden später weitergegeben, nicht der Datengrundbestand. Diese Werte werden in Tabellen zusammengefasst und in Grafiken dargestellt.

Frage Wann werden die Fragebögen vernichtet?

Antwort Die Fragebögen werden nach der Dateneingabe vernichtet. Nach der Auswertung werden die Daten gelöscht.

Wie wird ein Lerntagebuch genutzt?

Das Lerntagebuch ist ein Instrument, das vor allem der Selbstevaluation der Lernenden dient. Sie sollen sich damit ihren eigenen Lernprozess bewusst machen und ihn verbessern. Ein Lerntagebuch eignet sich für längere Lernprozesse, z.B. für eine längere Qualifizierung mit mehreren Modulen oder für eine Ausbildung oder ein (Fern-)Studium.

In Lerntagebüchern werden häufig unterschiedliche Kompetenzbereiche reflektiert:

- Die Entwicklung der fachlichen Kompetenz, d.h., was habe ich fachlich im Rahmen der Bildungsmaßnahme dazugelernt?
- Die personale Kompetenz oder Lernkompetenz: Wie gut ist es mir gelungen, mein Lernen zu organisieren? Was hat mir beim Lernen geholfen? Was hat mir das Lernen schwer gemacht?
- Die soziale Kompetenz: Wie habe ich das gemeinsame Lernen in der Gruppe gestaltet und unterstützt? Was habe ich zu einem fruchtbaren Austausch beigetragen? Wie bin ich mit Meinungsverschiedenheiten und Schwierigkeiten umgegangen?

Beispielhafte Fragen für ein Lerntagebuch

Das habe ich in dieser Woche gelernt:

Besonders (be)merkenswert finde ich dabei:

Folgende Verbindungen kann ich herstellen zu dem, was ich vorher schon kannte:

Gar nicht zufrieden — Sehr zufrieden

Ich bin mit meinem Lernprozess

weil

Das möchte ich bei meinem Lernen in der nächsten Woche verbessern:

Gar nicht zufrieden — Sehr zufrieden

Ich bin mit dem gemeinsamen Lernen in meiner Lerngruppe

weil

Das nehme ich mir für das nächste Seminar bzw. das nächste Lerngruppentreffen vor:

Das ist mir sonst noch wichtig:

Wie werden Feedback-Gespräche genutzt?

Das offene Gespräch mit den Teilnehmer:innen hat zwei wichtige Funktionen: Zum einen ist es eine wichtige Kompetenz, Kritik offen zu äußern, die bei dieser Gelegenheit trainiert werden kann. Zum anderen kann ein offenes Feedback-Gespräch schon zu einem frühen Zeitpunkt während des Seminars stattfinden und ermöglicht so eine Anpassung des Seminarverlaufs.

So hat es sich zum Beispiel bewährt, nach dem ersten Vormittag ein so genanntes ‚Blitzlicht' anzuregen mit dieser oder einer ähnlichen Frage: Was gefällt Ihnen in diesem Seminar? / Was hilft Ihnen beim Lernen? / Womit kommen Sie im Seminar nicht so gut zurecht? / Was wünschen Sie sich anders? Um auch hier schon kritische Äußerungen zu ermöglichen, kann es sinnvoll sein, Beispiele zu geben, oder konkret danach zu fragen, wo man als Lehrende:r Schwierigkeiten bei den Lernenden vermutet.

Ein Feedback-Gespräch am Ende einer Lernveranstaltung kann auch genutzt werden, um die Ergebnisse des Fragebogens zu besprechen. Dazu müsste der Evaluationsbogen schon während der Mittagspause des letzten Tages ausgefüllt werden, sodass man nachfragen kann, wie bestimmte Aussagen gemeint sind und welche Verbesserungsvorschläge es eventuell gibt. Weicht z.B. bei einer Frage ein einzelnes Ergebnis deutlich von der Mehrheit ab, wäre wichtig zu erfahren, durch welches Handeln der/des Lehrenden diese Unzufriedenheit ausgelöst wurde. Bei der Besprechung einzelner Antworten geht natürlich die absolute Anonymität der Rückmeldungen verloren. Die Lernenden sollten deshalb darüber informiert werden, dass die Rückmeldungen im Feedback-Bogen besprochen werden, und sie sollten zu einem offenen Feedback ermuntert werden. Für außenstehende Personen bleiben die Rückmeldungen im Feedbackbogen natürlich weiterhin anonym.

Ein Feedback-Gespräch am Ende eines Seminars kann natürlich auch ohne vorherigen Fragebogen stattfinden. Die Rückmeldungen im Gespräch sollten dann auf andere Weise festgehalten werden.

Vor dem Feedback-Gespräch ist es wichtig, grundlegende Regeln zu vereinbaren:

- Die Rückmeldung soll sachbezogen sein und nicht personenbezogen, d.h., die Aussage soll das pädagogische Handeln der/des Lehrenden betreffen und nicht Eigenschaften der Person.
- Ein sehr hilfreiches Mittel, um negative Befindlichkeiten und Beleidigungen zu vermeiden, sind ‚Ich-Botschaften'. Die Aussagen sollten zum Ausdruck bringen, wie man selbst etwas empfunden hat, ohne den Anspruch zu formulieren, eine objektive Aussage über den anderen zu machen. Ein Beispiel für eine Ich-Botschaft ist: ‚Ich konnte teilweise schlecht folgen, weil sehr viel Vortrag stattfand.' Ein Negativbeispiel wäre: ‚Sie reden immer zu viel, da kann man nicht mehr zuhören!'
- Die/der Lehrende, die/der um eine Rückmeldung bittet, sollte sich nicht gegen Kritik verteidigen, da dies weitere Aussagen verhindern kann und auch nicht im Sinn der Evaluation ist. Sinnvoll ist dagegen, die Kritikpunkte und positiven Rückmeldungen aufzunehmen, ggf. noch konkretisierend nachzufragen und anschließend zu überlegen, welche praktischen Konsequenzen daraus zu ziehen sind.

Wie wird die Selbstevaluation der Lehrenden genutzt?

Neben den genannten Methoden hat ein/e Lehrende:r auch die Möglichkeit, das eigene Handeln selbst zu überprüfen und zu reflektieren. Pädagogisches Handeln ist ein umfassender, vielschichtiger und zur Routinebildung neigender Prozess. Um ihn bei sich selbst zu beobachten, zu reflektieren und ihn zu verändern, ist es zunächst wichtig, seine wirksamen Faktoren zu erkennen:

- Lehrende verfügen über bestimmte pädagogische Handlungskompetenzen, die es ihnen ermöglichen, Lernveranstaltungen zu konzipieren, durchzuführen und auszuwerten.
- Im Verlauf der beruflichen Sozialisation haben sich bei Lehrenden bestimmte Lernsituationsbilder aufgebaut. Es handelt sich dabei um die Summe der Vorstellungen, die man sich davon gemacht hat, was eine Lernsituation ist und wie sie ablaufen sollte. Diese Bilder sind stark davon beeinflusst, was man selbst an Lernsituationen erlebt hat, aber auch von den eigenen Erwartungen oder Befürchtungen, wie Lernsituationen verlau-

fen sollten bzw. können. Diese inneren Bilder prägen teilweise unbewusst das eigene Handeln und werden in der Regel nicht reflektiert.

Um die eigenen Handlungskompetenzen zu überprüfen und Verbesserungsmöglichkeiten zu identifizieren, eignen sich viele der oben beschriebenen Evaluationsmethoden.

Für die Reflexion der eigenen Lernsituationsbilder ist eine ehrliche Selbstevaluation von besonderer Bedeutung. Die inneren Bilder und die Handlungskompetenzen beeinflussen sich auch gegenseitig: Man führt nur solche Methoden oder Lernformen durch, von denen man auch eine Vorstellung hat. Die eigene Vorstellung verändert sich, wenn man erlebt, dass man auch in der Lage ist, Lernsituationen anders als bisher zu gestalten. Um zu verhindern, dass man in eine allzu träge Routine verfällt (wobei eine gewisse Routine sehr hilfreich ist), sollte man sich die eigenen Lernsituationsbilder offenlegen, indem man sich von Zeit zu Zeit folgende Fragen ehrlich beantwortet:

- Welche Rolle hat die/der Lehrende für den Lernprozess in meinem inneren Bild?
- Welchen Stellenwert hat selbstständiges Handeln der Lernenden in meinen Lernsituationsbildern?
- An welchen Kriterien mache ich Erfolg oder Misserfolg meines didaktischen Handelns fest?
- Wie verarbeite ich negative Reaktionen der Lernenden?
- Wie reagiere ich auf Desinteresse?
- Wie reagiere ich auf mangelnde Mitarbeit der Lernenden?
- Welchen Stellenwert haben Gruppen- und Partnerarbeit in meinen Lernveranstaltungen?
- Welche Handlungsmuster sind mir die liebsten?

Ein reflektiertes und im Bewusstsein der eigenen inneren Bilder entwickeltes didaktisches Konzept ist offener für Kritik durch die Lernenden als ein unreflektiertes methodisches Handeln. Darüber hinaus ist es auch leichter, es zielgerichtet weiterzuentwickeln, denn nur das, was man durchschaut und sich bewusst gemacht hat, kann man vor sich rechtfertigen und gegebenenfalls sinnvoll verändern.

6.5 Wie werden Evaluationsergebnisse ausgewertet?

Am Ende der Evaluation steht eine produktive Auswertung der Ergebnisse. Grundsätzlich bedeutet dies, die Beurteilungen mit dem eigenen Konzept zu vergleichen, das man für die Lernveranstaltung erstellt hat. Dazu gehören sowohl der Tagesablauf, die Methoden und Medien, aber auch inhaltliche Aspekte müssen gegebenenfalls hinsichtlich ihrer Relevanz in Frage gestellt werden.

Auswertung von Fragebögen

Für den eigenen Überblick ist es sinnvoll, die Ergebnisse, die man durch die verschiedenen Methoden der Evaluation erhalten hat, nach Themen sortiert aufzuschreiben. So kann die Zusammenstellung der Aussagen eines Fragebogens zum Seminarmaterial z.B. folgendermaßen erfolgen:

Qualität der Seminarunterlagen	trifft gar nicht zu	trifft kaum zu	teils-teils	trifft eher zu	trifft voll und ganz zu
Die in den Unterlagen enthaltenen Informationen sind verständlich			1	4	7
Die Unterlagen sind gut strukturiert		1	1	4	6
Die Unterlagen sind für die Arbeitspraxis hilfreich	2	1	7	2	
Die Unterlagen sind für das Thema zu umfangreich	1	1	3	4	3
Ich habe folgende Anmerkungen zu den Seminarunterlagen:					

Abb. 12: Beispiel für die Auswertung eines Fragebogens

Die Kreuze werden pro Ausprägung zusammengezählt und in einer gemeinsamen Tabelle zusammengestellt.

Für die Interpretation der Ergebnisse von Fragebögen sind dann folgende Leitfragen hilfreich:

1. **Bei welchen Fragen gibt es eindeutige Positionen?**
   Besonders hohe Zustimmungen
   Besonders hohe Ablehnungen

2. **Wo gibt es Meinungsverschiedenheiten?**
   Bei welchen Fragen gibt es von der gleichen Befragtengruppe gleichzeitig viele zustimmende Antworten und viele ablehnende Antworten?
   Bei welchen Fragen gibt es je nach Befragtengruppe (z.B. Teilnehmende und Lehrende) viele zustimmende bzw. ablehnende Antworten?

3. **Wo fehlen klare Positionen?**
   Bei welchen Fragen antwortet ein Großteil der Befragten mit ‚unentschieden' oder ‚teils - teils'?
   Bei welchen Fragen sind alle Antwortkategorien etwa gleich häufig besetzt?

4. **Wozu wird keine Stellung genommen?**
   Bei welchen Fragen nutzen viele die Antwortmöglichkeit ‚weiß nicht' oder ‚keine Angaben'?
   Wo gibt es Widersprüche im Antwortverhalten?

5. **Bei welchen Fragen, die Ähnliches abfragen, wird sehr unterschiedlich geantwortet?**
   Wo gibt es Zusammenhänge im Antwortverhalten?
   Bei welchen Fragen zu verschiedenen Themenbereichen antworten die Befragten ähnlich? Wo lassen sich Muster erkennen?

6. **Wenn nach Ist- und Sollzustand gefragt wurde:**
   Bei welchen Fragen liegen der gewünschte und der realisierte Zustand nach Meinung der Befragten besonders weit auseinander?

7. **Überprüfung von Hypothesen**
   Formulieren Sie selbst Hypothesen, wie die Antwort ausfallen wird. Werden Ihre Hypothesen durch die Antworten gedeckt?

6.6 Welche Erkenntnisse gewinnt man durch die Nachbesprechung mit den Lernenden?

Eine Evaluation erbringt meist gute Hinweise, in welchen Bereichen aus der Sicht der Teilnehmer:innen Verbesserungen notwendig sind. Allerdings zeigt sich in vielen Fällen, dass man diese Bereiche genauer unter die Lupe nehmen muss, um die wirklich entscheidenden Punkte zu bestimmen, die zu einer Qualitätsverbesserung führen. Es empfiehlt sich daher, jede Evaluation mit den Befragten in zwei Schritten nachzubesprechen:

1. Schritt: Hören, was die entscheidenden Punkte sind
Im ersten Schritt sollte zunächst in einem Gespräch mit der Gruppe ein Überblick über die Ergebnisse der Evaluation gegeben werden. Anschließend können dann diejenigen Punkte aus der Evaluation vertieft werden, die der/dem Lehrenden erwähnenswert erscheinen. Dies können überraschend positive Rückmeldungen sein, Punkte, an denen man dringenden Handlungsbedarf sieht, Themen, bei denen es besonders viele negative Rückmeldungen gab, Themen, bei denen Einzelne oder Gruppen sich von der Mehrheitsmeinung deutlich abheben, etc. Zu diesem Gespräch sollte sich die/der Lehrende das Einverständnis der Teilnehmer:innen einholen, da hiermit die Anonymität teilweise aufgehoben wird.

In diesem ersten Schritt sollte versucht werden, die Ergebnisse der Befragung im Gespräch zu vertiefen und vor allem zu konkretisieren. Es ist nicht sinnvoll, sich zu rechtfertigen oder die Ergebnisse zu kommentieren, sondern man sollte die Chance nutzen und genauer hinhören, was die entscheidenden Punkte sind.

2. Schritt: Konsequenzen mitteilen

Die Ergebnisse einer systematischen Evaluation werden für die Qualitätssicherung letztlich erst dann fruchtbar, wenn daraus auch Konsequenzen gezogen werden und etwas verändert wird, z.B. die Arbeitsunterlagen überarbeitet werden. Ob man diese Konsequenzen mit der Gruppe direkt im Gespräch vereinbart oder allein Überarbeitungen vornimmt und danach die Gruppe über die Veränderungen informiert, ist dabei nicht entscheidend. Wichtig ist nur, dass die Befragten über die Konsequenzen und die Gründe der Entscheidung informiert werden, denn dies erhöht die Bereitschaft, zukünftig an weiteren Evaluationen teilzunehmen. Auch Dinge, die Lehrende nicht im Sinne der Teilnehmer:nnen verändern wollen (z.B. Rückkehr zum Frontalunterricht) sollten offen angesprochen und begründet werden.

Teil 7

EXKURS
Lernprozessbegleitung

Vor mehr als 30 Jahren wurde in der GAB München im Rahmen von Modellversuchen ein Instrument entwickelt, das Lernende bei dem Erwerb von (beruflichen) Handlungskompetenzen unterstützt. Dies war die Geburtsstunde der Lernprozessbegleitung und der Beginn einer kontinuierlichen Beschäftigung mit diesem Thema in der GAB. Die Lernprozessbegleitung wurde seither fortwährend weiterentwickelt, konkretisiert und an unterschiedliche Rahmenbedingungen angepasst.

Die Methode der Lernprozessbegleitung

Die Lernprozessbegleitung zielt auf die Entwicklung von Handlungskompetenzen durch die Begleitung arbeitsintegrierter Lernprozesse. Die konkrete Ausgestaltung der Lernprozessbegleitung kann unterschiedliche Formen (z.B. 6 Schritte für die Lernprozessbegleitung in der Ausbildung[37]) annehmen. Die hier aufgeführten Aspekte bilden das für den Ansatz gültige *Rückgrat* der Lernprozessbegleitung.

Kompetenz entsteht durch Erfahrung – Man lernt zu tun, indem man tut

Indem Lernende in Situationen begleitet werden, in denen sie in ihrem Arbeitskontext/an ihrem Arbeitsplatz/mit echten Kund:innen/Maschinen/Aufträgen handeln, werden sie mit echten Entscheidungssituationen konfrontiert und entwickeln durch ihr Handeln in eben diesen Situationen Handlungskompetenzen.

So viel Struktur wie nötig, so viel Freiraum wie möglich – die Gestaltung arbeitsintegrierter Lernprozesse

Die Ergebnisse der neueren Motivationsforschung (z.B. Deci & Ryan, Csikszentmihalyi) zeigen deutlich, dass sowohl Autonomie als auch das Gefühl von Kompetenz (das Gefühl, etwas erreichen zu können) wichtige Faktoren zur Motivation darstellen. Jede/r Lernende braucht diese beiden Faktoren jedoch in einer individuellen Dosierung. Eine optimale Lernumgebung muss daher so viel Freiraum wie möglich gewähren (Autonomie) und gleichzeitig so viel Struktur wie nötig anbieten, damit die Aufgabe am Ende auch gelingt. Es hat sich gezeigt, dass die Lernprozessbegleitung als Instrument zur Dosierung von Freiraum und Struktur diesen Spagat leisten kann. Beispielsweise durch Erkundungsaufgaben, die Lernende bei der selbstständigen Planung und Vorbereitung sowie gedanklichen Durchdringung einer bestimmten Arbeitsaufgabe unterstützen.

(Lern-)Gespräche als das Herzstück der Lernprozessbegleitung

Lerngespräche dienen dazu, das Lernanliegen und die Lernaufgabe zu konkretisieren, relevante Vorerfahrungen festzustellen und die Aufgabe so zu arrangieren, dass eine selbstständige Bearbeitung möglich wird. Darüber hinaus finden im Rahmen von Lerngesprächen die Auswertung bzw. Reflexion der Erfahrungen statt, die entlang der Aufgabe gemacht wurden. Ohne diese Reflexion findet kein Kompetenzlernen statt. In den Gesprächen arbeiten die Lernbegleitenden mit Fragen, hören aktiv zu und spiegeln Beobachtungen.

Die Haltung des/der Lernprozessbegleiter:in – Der Unterschied, der den Unterschied macht

Lernbegleiter:innen brauchen eine Reihe von Kompetenzen. Dazu gehören Empathie, Umgang mit offenen Handlungssituationen und Selbstreflexionsfähigkeit. Selbstverständlich brauchen sie auch pädagogisches Fachwissen und Methoden. Aber am wichtigsten ist ihre Haltung den Lernenden gegenüber: „Kann ich meine Lernenden wirklich loslassen? Traue ich ihnen zu, die Aufgabe zu schaffen, auch wenn sie an Hindernisse stoßen? Bin ich in der Lage abzuwägen, wie viel Struktur und wie viel Freiraum jede/r Einzelne benötigt? Kann ich mich zurücknehmen und beobachten, ohne einzugreifen? Kann ich eine gute Beziehung aufrechterhalten, auch wenn ich das Verhalten meiner/meines Lernenden nicht billige?“

Lernprozessbegleiter:innen begegnen den Lernenden auf Augenhöhe, verhalten sich partnerschaftlich und respektieren die Individualität der Lernenden und der jeweiligen Lernprozesse. Fehler werden als Lernchance wahrgenommen. Lernprozessbegleiter:innen halten sich zurück und belehren nicht, sondern beobachten und fragen mehr als dass sie sagen. Sie haben Vertrauen in die Lernenden und in den jeweiligen Lernprozess.

[37] Siehe hierzu „Kompass“ und „Begleitheft für die Lernprozessbegleitung in der Ausbildung“ unter www.gab-muenchen.de

Teil 8

Literaturverzeichnis

Ackermann, Stefan / Hemmer-Schanze, Christiane / Hepting, Sigrid / Juraschek, Stephanie / Strothmann, Sandra (2015): Beziehungsqualität professionell gestalten - Praxisleitfaden für die Altenhilfe. Geldern.

Anderson, Lorin W. / Krathwohl, David R. (2001): A Taxonomy for Learning, Teaching and Assessing. A Revision of Bloom's Taxonomy of Educational Objectives Complete Edition. New York.

Arnold, Rolf (2013): Wie man lehrt, ohne zu belehren. 29 Regeln für eine kluge Lehre. Das LENA-Modell. Systemische Pädagogik. 2. Auflage. Heidelberg.

Arnold, Rolf / Holzapfel, Günther (2008): Emotionen und Lernen: Die vergessenen Gefühle in der (Erwachsenen-)Pädagogik. Baltmannsweiler.

Baldwin, Timothy T. / Ford, J. Kevin (1988): Transfer of Training: A Review and Directions for Future Research. Personnel Psychology, 41, S. 63–105.

Bauer, Hans G. / Brater, Michael / Büchele, Ute / Dahlem, Hilmar / Maurus, Anna / Munz, Claudia (2004): Lernen im Arbeitsalltag: wie sich informelle Lernprozesse organisieren lassen. Bielefeld.

Bauer, Hans G. / Brater, Michael / Büchele, Ute / Dufter-Weis, Angelika / Maurus, Anna / Munz, Claudia (2010): Lern(prozess)begleitung in der Ausbildung: wie man Lernende begleiten und Lernprozesse gestalten kann – Ein Handbuch. Bielefeld.

Bauer, Hans G. / Brater, Michael / Büchele, Ute / Fürst, Ulrike / Munz, Claudia / Rudolf, Peter / Wagner, Jost (2008): Qualifikationsbedarf des Bildungspersonals. Endbericht Teil 2: Ergebnisse der Betriebsbefragung. München. Verfügbar unter: http://www.gab-muenchen-ev.de/de/downloads/tei2_endbericht_qualifizierung_des_bildungs-personals.pdf [25.06.2020]

Burger, Burger / Horn, Kristina / Juraschek, Stephanie / Kleestorfer-Kießling, Nathalie / Schrode, Nicolas (2021): Selbstorganisiertes Lernen in der Weiterbildung. Erwachsene(n) lernen in Selbstlernarchitekturen. Bielefeld.

Brater, Michael / Wagner, Jost (2008): Qualifikationsbedarf des betrieblichen Bildungspersonals – Eine explorative Studie. BWP Berufsbildung in Wissenschaft und Praxis, 6. Verfügbar unter: https://www.bibb.de/veroeffentlichungen/de/publication/download/1402 [20.05.2020]

Berg, Christoph (2006): Selbstgesteuertes Lernen im Team. Heidelberg.

Buschmeyer, Jost (2015): Kompetenzlernen und Lernprozessbegleitung - eine Einführung. München. https://www.gab-muenchen.de/de/downloads/buschmeyer_kompetenzlernen_lernprozessbegleitung.pdf [05.02.2021]

Deci, Edward L. / Ryan, Richard M. (1993): Die Selbstbestimmungstheorie der Motivation und ihre Bedeutung für die Pädagogik. Zeitschrift für Pädagogik, 39, S. 223–238.

o. A. (2011): DQR – Deutscher Qualifikationsrahmen für lebenslanges Lernen. https://www.dqr.de/media/content/Der_Deutsche_Qualifikationsrahmen_fue_lebenslanges_Lernen.pdf [25.06.2020]

Erpenbeck, John / Rosenstiel, Lutz von / Grote, Sven / Sauter, Werner (2017): Handbuch Kompetenzmessung: Erkennen, verstehen und bewerten von Kompetenzen in der betrieblichen, pädagogischen und psychologischen Praxis. Stuttgart.

Friedrich, Helmut F. / Mandl, Heinz (1997): Analyse und Förderung selbstgesteuerten Lernens. In: Weinert, Franz E. / Mandl, Heinz (Hrsg.): Psychologie der Erwachsenenbildung. Enzyklopädie der Psychologie, Themenbereich D, Praxisgebiete, Serie I, Band 4. Göttingen. S. 237–293.

Honey, Peter / Mumford, Alan (1992): The Manual of Learning Styles. Berkshire.

Jank, Werner/ Meyer, Hilbert (1991): Didaktische Modelle.

Kerres, Michael (2001): Multimediale und telemediale Lernumgebungen. Konzeption und Entwicklung. München.

Kirkpatrick, Donald L. / Kirkpatrick, James D. (1994): Evaluating Training Programs. Oakland.

Krichewsky, Léna (2012): Lernergebnisorientierung (bb-Stichwort). berufsbildung, 133, S. 38

Maurus, Anna / Brater, Michael / Ackermann, Stefan / Elsäßer, Peter / Hartmann, Elisa / Hepting, Sigrid / Juraschek, Stephanie / Lang, Rolf (2019): Menschen entwickeln Qualitäten. Qualitätsmanagement nach dem GAB-Verfahren. Ein Leitfaden für pädagogische und soziale Arbeitsfelder. Bielefeld.

mmb-Institut: (2019): Auf dem Weg zum Assisted Learning? Digitale Lernanwendungen werden informeller und intelligenter. Ergebnisse der 13. Trendstudie „mmb Learning Delphi“. Onlinepublikation. https://www.mmb-institut.de/mmb-monitor/mmb-trendmonitor/ [16.06.2020]

Möller, Christine (1995): Die curriculare Didaktik. In: Gudjons, Herbert / Teske, Rita / Winkel, Rainer (Hrsg.): Didaktische Theorien. 8. Auflage. Hamburg. S. 63–77.

Riedl, Alfred / Schelten, Andreas (2013): Kompetenzentwicklung in Lernfeldern im Unterricht gewerblich-technischer Schulen. In: Seufert, Sabine / Metzger, Christoph (Hrsg.): Kompetenzentwicklung in unterschiedlichen Lernkulturen. Festschrift für Dieter Euler zum 60. Geburtstag. Paderborn. S. 130–143.

Schelten, Andreas (2000): Begriffe und Konzepte der berufspädagogischen Fachsprache. Eine Auswahl. Stuttgart.

Stangl, Werner (2019): Die Lerntypentheorie – eine Kritik. Onlinepublikation. https://arbeitsblaetter.stangl-taller.at/LERNEN/Lerntypen.shtml [01.09.2019]

Vester, Frederic (1975): Denken, Lernen, Vergessen. Stuttgart.

Wahl, Diethelm (2006): Ergebnisse der Lehr-Lernpsychologie. Onlinepublikation. http://www.dblernen.de/docs/Wahl_Ergebnisse-der-Lehr-Lern-Psychologie.pdf [01.09.2020]

Übersicht zu Lerninhalten des/der **Geprüften Aus- und Weiterbildungspädagoge:in**

Im Folgenden finden Sie eine Übersicht über die Themen des Rahmenlehrplans des/der „Gepr. Aus- und Weiterbildungspädagoge:in", die in diesem Band angesprochen werden.

Lernprozesse und Lernbegleitung

1. Gestaltung von Lernprozessen und Lernbegleitung

1.1.1.1 Definitionen von Lernen
1.1.1.3 Lerntypen und Lernstile

1.2 Didaktische und pädagogische einschließlich methodische Gestaltung von Lernbegleitung unter Berücksichtigung von Geschäfts- und Arbeitsprozessen und unterschiedlicher jugendlicher und erwachsener Zielgruppen
- 1.2.1 Handeln als Lernen im Arbeitsprozess darstellen
- 1.2.2 Aus- und Weiterbildung als Lernprozessbegleitung erläutern
- 1.2.3 Lerngruppenspezifische Aspekte analysieren
- 1.2.4 Lernorte und Lernsituationen auswählen

3. Medienauswahl und-einsatz

3.1 Anwenden von Lehrmedien
- 3.1.1 Pädagogische/didaktische Funktionen von Medien erläutern
- 3.1.2 Arten von Medien unterscheiden
- 3.1.3 Kriterien für die Auswahl von Medien berücksichtigen
- 3.1.4 Medieneinsatz gestalten

3.2 Anwenden von Lernmedien
- 3.2.1 Funktionen von Lernmedien
- 3.2.2 Arten von Medien aus Sicht des Lernenden unterscheiden
- 3.2.3 Auswahl und Einsatz von Lernmedien steuern

3.3 Lehr- und Lernhilfen erstellen und anpassen; Mediendidaktik

- 3.3. Kriterien für die Erstellung schriftlicher Lehr- und Lernhilfen berücksichtigen
- 3.3.2 Kriterien für die Erstellung audiovisueller Medien berücksichtigen
- 3.3.3 Kriterien für die Erstellung von Multimedia und interaktiven Lernprogrammen berücksichtigen
- 3.3.4 Reflexion und Anpassung durchführen

3.4 Pädagogische und didaktische Grundsätze sowie technische Möglichkeiten der Medienentwicklung

- 3.4.1 Medienentwicklungen überblicken
- 3.4.2 Pädagogische und didaktische Grundsätze bei Einsatz, Auswahl und Entwicklung technischer Medien beachten

Planungsprozesse in der beruflichen Bildung

5. Organisation und Planung beruflicher Bildungsprozesse

5.1 Kundenorientierte Feststellung von betrieblichem Lern- und Qualifikationsbedarf

- 5.1.1 Anforderngsprofile feststellen
- 5.1.2 Qualifikationsprofil ermitteln
- 5.1.3 Qualifikationsbedarf ermitteln

5.2 Betriebliche Ausbildungspläne, betriebliche Zusatzqualifikationen sowie Weiterbildungsmaßnahmen entwickeln

- 5.2.1 Umsetzung der Aus- und Weiterbildungsmaßnahmen gestalten
- 5.2.1.1 Ausbildungspläne
- 5.2.1.2 Betriebliche Weiterbildungsmaßnahmen
- 5.2.2 Aus- und Weiterbildungsprozesse optimieren

5.3 Lernprozesse und Lernsituationen unter Berücksichtigung kundenbezogener Anforderungen planen und modernisieren

- 5.3.1 Arbeits- und Geschäftsprozesse auf zu vermittelnde Lerninhalte analysieren
- 5.3.2 Lernsituationen in Unternehmensprozessen ermitteln
- 5.3.3 Lernsituationen didaktisch aufbereiten
- 5.3.4 Situationsgerechte und handlungsorientierte Ausbildungsmethoden zuordnen
- 5.3.5 Lernprozesse und -situationen auf Veränderungsbedarf überprüfen
- 5.3.6 Anpassung der Lernprozesse und -situationen sicherstellen

5.4 Lernbausteine, Lernunterlagen und Lernsequenzen bedarfsorientiert entwickeln

- 5.4.1 Einsatzgebiete von Lernbausteinen unterscheiden
- 5.4.2 Entwicklung von Lernbausteinen auf Grundlage der festgestellten Qualifikationsbedarfe prüfen
- 5.4.3 Lernbausteine unter Einbindung in ein Gesamtkonzept entwickeln
- 5.4.4 Bildungsbedarfe in Lernsequenzen strukturieren
- 5.4.5 Adressaten- und sequenzorientierte Lernunterlagen erarbeiten

9. Qualitätssicherung von beruflichen Bildungsprozessen

9.1 Qualitätssichernde und -verbessernde Methoden, Bildungscontrolling, Qualitätsstandards

- 9.1.3.1 Bedarf und Zielgruppe entsprechend der betrieblichen Arbeitsprozesse systematisch ermitteln
- 9.1.3.2 Konzepte entwickeln
- 9.1.3.4 Lernerfolg und Transfer sicherstellen
- 9.1.4.3 Transfer überprüfen